Change & Transform

想 改 變 世 界 · 先 改 變 自 己

Change & Transform

想 改 變 世 界 · 先 改 變 自 己

降低人生難度的魔法說話本事

學會折服人心的洗腦系說話術，工作、談判、人際關係無往不利！

Dr.HIRO——著　林佩瑾——譯

#【推薦序】

在《降低人生難度的魔法說話本事》書裡，Dr. HIRO告訴我們，想要「勾動」別人、「誘導」別人的祕訣，就是「認同」對方的觀念、「同步」對方的喜好、「鏡射」對方的動作，最終敲定買賣，皆大歡喜。

我認為，任何一個企圖掌握「銷售」、「說服」技術的人，一定要帶回這本書，任由它如匕首一般，引領你破開財富之門。

十方（李雅雯），理財暢銷作家、富媽媽

這世界有兩件難事，分別是把你的想法放進別人腦袋，以及把對方的錢放進自己的口袋。

這本書則是讓以上兩件難事，用簡單易懂的方式一一解析，讓你輕而易舉就能獲得別人認同，並且還能有機會賺得荷包滿滿。

本書裡頭的技巧都是作者親自實踐過後的心得，從個人定位、改變氣場、讚美技巧、肢體語言等一一分析祕訣，很多知識點都是我過去未曾想到的妙計。

最後也給閱讀者一個重要提醒，請勿用在非法用途，這本書真的會洗腦！

鄭俊德，閱讀人社群主編

只要懂聊天，人生無難事

出社會二十幾年，發現一件事情，很會賣東西的超業，很少花時間在推銷產品，更多時間是在跟客户聊天。

預約不斷的美髮師，指名滿檔的按摩師，未必技術最好，卻都極為擅長聆聽，讓人不自覺的對其掏心掏肺，說出心底話！

很多人排隊等候也要找的命理老師，大多不會長篇大論的指教前來求問者，反而很擅長問問題與聆聽，點頭稱許，承接求問者的情緒……

真正的聊天，溝通與說服高手，不在侃侃而談，不好為人師，讓對方當主角，花心思在對方身上，少說多聽與多問。與對方同步……只在必須出手的關鍵時刻，不著痕跡的重新調整對話的框架，巧妙的透過讚許與認同，引導對方的意見。

《降低人生難度的魔法說話本事》的作者佛心歸納整理了說服高手的密技，毫無保留地跟讀者分享真正的說服奧義，只要跟著做，保證再無難以溝通之人，難以談妥知事。

Zen 大（王乾任），職業作家、時事評論家、ZEN 大時事點評粉絲團版主說話不難。會說讓人「喜歡聽」又能「回味無窮」的話較難。俗話說：「良言一句三冬暖，惡語傷人六月寒。」意思就是，講話得體，那怕是冬天都會得到溫暖；如果口出惡言，縱使是六月都讓人感到寒冷。

「用心傾聽，真誠讚美，樂於回應」，是我閱讀這本書之後，讓人會喜歡聽你說話，又能帶給別人回味無窮的三大重點。如果還有第四個重點，我會說，你與人說話時，全身上下表現出來的肢體動作，都是對方願不願意繼續與你溝通的關鍵。

吳家德，NU PASTA總經理、職場作家

看到書名的時候有點擔心這是什麼「邪術」，要教大家洗腦說話術，會不會太誇張？

但作者很用心的說明，什麼叫做有口才，什麼是沒有口才。打破了我對於

「善於表達」的刻板印象。

原來不是滔滔不絕，用各種不同的話語來表達，才叫做有口才。因為即使很會「說話」文字的語言訊息也只占了整體溝通的7%而已。

這讓我理解了為什麼網路上有許多文筆很好的文章，看的人數卻不多。

因為人對於「視覺」「聽覺」訊息的接受度更高。尤其是視覺。

當你在傳遞自己的過程中，你以為是在傳遞「話語」，但決定別人要不要聽進去的卻不是內容本身，有可能是其它的第一印象。

於是乎，這本書反而讓我會想要去精進自己的教學模式。

因為「教學」的重點不在於「說服他人」，說服是很累的，有當過老師的人就知道，要把專業知識放到學生腦袋，讓學生可以記得，老師們一定都用了很多力氣吧。

但按照書中的作法，我們就有機會提升課堂上的吸收率。讓學生花一樣的錢，效果提升，讓老師花一樣的時間教學，更加的輕鬆。

我自己是以這樣的觀點來看這本書。

如果這世界本來就會被各種資訊填滿，那麼覺得自己有很棒的內在的人，是不是更有義務要好好表達，來讓這世界變得更好呢？

張紫瑜（歐拉），YouTube《我是歐拉地球揚升大師學院》頻道與《如果你不為自己而活誰為你而活》作者

【譯者序】

曾經，我也差點變成傳直銷的下線。

遙想學生時期，學妹興沖沖地約我與另一同學見面，說要拉我們一起賺大錢。她翻開一本厚厚的剪報，上頭列舉了她們傳直銷公司的各大新聞，邊翻開邊說：「現在外面真的很多老鼠會，我知道妳們一定會有疑慮，但這家不一樣……」她說得天花亂墜，公司前輩才加入多久就賺了多少錢，而且公司的東西真的很好用，妳們看我也都有用公司產品……哇！好像真的挺吸引人的耶，結果聽到入會金要一萬八，我跟同學都倒抽一口氣。我們只是學生，哪來那麼多錢？學妹見我們猶豫，甚至慷慨地說：「沒錢入會沒關係，我可以借妳們錢呀！」

我跟同學陷入沉默，此時，正在跟學妹交往的前輩穿著一身名牌翩然現身，冷冷說了一句：「沒關係，她們不想賺錢就別勉強她們。」說完就轉身離開，留下我跟同學一臉錯愕。我當時心想：「怎麼辦，不加入是不是很傻？可是一萬八是大數目啊……」

後來我還是沒加入，因為我不想為了入會借錢，而且我不確定自己是否有能力拉下線。同學跟學妹借了一萬八入會，我記得當初她眼神閃亮地說：「我不想錯過機會。」結果事後做不來，她帶著挫折黯然退出，學妹接著也不做傳直銷，也與前輩分手、休學，後來我們再也沒有學妹的消息。

事後回想起來，幸好我沒有加入！原來當初傳直銷前輩與學妹的一搭一唱都運用了心理技巧，差一點就讓我踏入陷阱了！在翻譯本書的過程中，我又想起當年差點被拐去當下線的遭遇，正如作者與諸多日本讀者所言：「世風日下，必須熟知洗腦技巧，才能保護自己與身邊的人。」

除此之外，書中也介紹了許多實用的說話與表達技巧，像是「想學會說話，先學會傾聽」「與其稱讚對方的衣服，不如稱讚對方的品味」，以及最重要的「口才好的人，並不是母語說得好的人，而是說話能引起對方共鳴的人。因此，關鍵在於『如何讓人留下好印象』，而不是『如何選出最棒的用詞』。」每每讓我邊翻譯邊點頭，忍不住向做業務的朋友分享這些妙招！

相信聰明的你已經發現，這些妙招不僅能用在工作上，也適用於戀愛及生活。若本書能幫助你在工作、戀愛、生活上得到更多美好時刻，就是譯者最大的榮幸。

林佩瑾

【目錄】

第2章

該怎麼做，才能讓談吐具有洗腦能力？

第3章

這樣說話，到哪兒都吃得開！

第4章

第一次操控人心就上手，這樣「表達」就對了！

第5章 想成為說話大師，就要學會「傾聽」

第6章

如何越說越動聽

第7章 嚴禁濫用！這些心理效應太強大了！

請比較以下兩段對話。

如果是你，

會在哪家店買東西呢？

顧客：「我想買MacBook Pro，可是好貴喔～」

店員：「您說的沒錯，這價位確實不便宜，

但是它貴得有道理。

這臺配備最新的高效能CPU，

而且繪圖效能也是最高級的唷。」

顧客：「我想買MacBook Pro，可是好貴喔～」

店員：「您說的沒錯，這價位確實不便宜。
不過，您是覺得它比什麼東西貴呢？」

顧客：「我現在用的桌上型電腦大概十萬圓左右吧。」

店員：「難怪您會覺得貴。
那麼，為什麼您不考慮MacBook Air，
而是想找MacBook Pro呢？」

顧客：「我想要剪輯影片，可是MacBook Air這價位的筆電，
配備不夠好。」

你覺得如何？

我想，大部分的人應該會在後面那家店買東西吧。

業務圈有一招叫做「Yes, But說話術」。這項技巧的理論是：不要直接否定對方，而是先接納對方的論點（「您說的對〔Yes〕」），接著再反駁對方（「不過〔But〕」），比較能說服對方。看起來很合理，對吧？

然而，前面那家店的店員忠實地實踐了「Yes, But說話術」，卻沒有勾起顧客的購買慾，為什麼呢？

答案是：因為他用錯方法了。不只是談生意，無論是什麼樣的溝通情境，駁倒對方、說服對方，都不會帶來什麼好處。

正確的做法，應該是像後面那位店員一樣，不著痕跡地誘導顧客轉換思維，不讓顧客察覺自己「其實已經被說服（駁倒）了」。「Yes, But說話術」的

「But」，不能由我方說出來，必須讓顧客自己察覺。

將「Yes, But說話術」運用在日常生活中的人，多半在「But」的部分駁倒、否定對方，導致惹來一堆麻煩。

運用這一招的人，自然會認為「我都先用『Yes, But說話術』釋出善意（贊同你）了，你也應該接納我的意見吧！」，假如行不通，反而心裡會不平衡，導致人際關係不順遂。

如果你對上述那段話有共鳴，從今天起，請用「Yes, By the way」（你說的對，順便一提……）取代「Yes, But」（你說的對，不過……）。

如此一來，你的人際關係會更順遂，也能與人達成良好溝通，增加自己在別人心中的好感與信賴。

這個世界上，到處都是「看起來很好用，其實廢到極點」的招數。

從前的我，也曾經誤信錯誤的招數，越是努力，越是碰一鼻子灰。
我曾經是傳直銷界的王牌業務員，本書的目的，就是要將那些年所學來的「百分百實用的說話術」，去蕪存菁傳授給你。

“沒錯，當一個教主吧！

大家好，我是Dr. HIRO。
我在YouTube經營一個叫做「Dr. HIRO實驗室」的談話性頻道，同時也在音訊媒體平臺Voicy經營「Dr. HIRO的洗腦收音機」電臺。我的上一份工作，是傳直銷的頂尖業務員。
一言以蔽之，我的職業就是「靠嘴吃飯」。

不過，如果你問我：「你的口才本來就那麼好嗎？」當然不是。我在傳直銷界做了六年，頭三年都賠錢。整整三年，幾乎每個假日都用來做賠錢的副業，你覺得這能看嗎？

傳直銷本來就是很難回本的副業，但即使如此，這也太難看了。

然而，在傳直銷事業的第三年，我遇到了人生的轉捩點，那就是：**我學會了洗腦技巧**。我讀過講解業務、溝通技巧的書，也參加了不少講座，業績卻一直沒有起色。有一天，我突然想到：

「有些人賣的東西比我更可疑，還不是高價賣出，有些宗教甚至要信徒奉獻所有財產，為什麼唯獨我業績不好……？要是我也有對信徒洗腦的能力就好了……嗯？對了，該怎麼洗腦啊？市面上有沒有教人洗腦的書？」

我半自暴自棄地買了一堆跟「洗腦」有關的書，從頭到尾讀一遍。一讀下去不得了，簡直晴天霹靂！書裡所教的技巧，完全顛覆我至今所學的常識。

從那之後，我在日常生活中徹底嘗試書中的洗腦訣竅，總算學到了真正實用的技巧。

結果，我六年傳直銷生涯的後半段，整整三年都是業績冠軍；光是做傳直銷，就讓我才二十幾歲就入住高級豪宅。

不過，這樣的生活也只是曇花一現。我基於某些考量離開了傳直銷圈，在逼近三十大關之際變成無業遊民。

除了做傳直銷，我沒有其他謀生手段，卻改不掉傳直銷時期的花錢習慣，明明沒錢卻打腫臉充胖子，轉眼間就陷入經濟困境。

二〇一九年九月，我搬出附設地暖設備的高級豪宅，窩在連冷氣都沒有的兩坪房間裡，開始做不知道賺不賺得到錢的 YouTuber。

而拯救我的關鍵，也正是傳直銷時期所練出來的洗腦話術。

當初做YouTube也是一時興起，所幸廣受許多觀眾青睞，在二〇二一年五月，我的頻道已達到十三萬五千人訂閱。（在中文版推出的二〇二四年，頻道訂閱者已突破二十萬人。）

很多觀眾都給予我不少正面回饋，在我的洗腦教學影片下面留言告訴我：「很實用！」「這支影片救了我！」

“我寫這本書，有兩個原因

為什麼我想寫這本書呢？原因有二。

第一，因為YouTube影片無法徹底傳達洗腦技巧。

畢竟 YouTube 是娛樂媒體，所以影片必須簡單易懂又新奇。大家喜歡簡單易懂的新奇技巧，至於那些看似不起眼卻效果極佳的技巧，則不大受觀眾青睞。

其實，真正實用的洗腦技巧，是由很多不起眼的技巧所累積而成的，但是我很難藉由 YouTube 影片將這些重點傳授出去。

第二點，就是：就我所知，市面上的洗腦教學書，沒有一本是簡單易懂的。

許多認真講解「洗腦方法」的書，都是針對已具備進階知識的讀者而寫，因此「寫得很詳細，卻太難懂了」。

常言道：「知易行難」，因此了解知識，不代表能靈活運用。不是每一個經濟學家都能經濟無虞，也不是每一個心理學家都是擔任心靈嚮導的專家。

我並不是否定心理學家。我熱愛學習心理學，但是若你問我：有沒有一本書用最好懂的方式傳授了最實用的技巧，我的答案是：我還沒遇到。

因此，我想寫出一本能確實提升讀者溝通能力的書。

“你可以在這本書得到什麼？

大致上來說，你可以藉由本書得到兩項好處。

第一，就是「提升溝通能力」。第二，就是「以後沒人騙得了你」。

讀書時設定目標，可以提升好幾倍的讀書效率，在此請容我簡單分析一下，以助你整理目標。

先講解提升溝通能力的部分。如果你有以下煩惱，本書一定適合你。

- 希望口才變好

- 希望業績變好
- 希望人緣變好，得到眾人信賴
- 希望提升異性緣

讀完這本書，你一定能找到解決溝通困擾的方法。

坦白說，這套溝通理論不只在我身上發揮效用，也教會了許多人，因此我對本書的實用性十分有信心。

無論是個人生活或是職場、事業上的溝通困擾，本書，就是助你解決問題的錦囊妙計。

再來，我要解釋「以後沒人騙得了你」的部分。

明白洗腦訣竅後，你就會發現：其實洗腦技巧，廣泛運用在世界上的各個領域。惡劣的心理誘導手法，並不是消費詐欺跟邪教的專利。在電視廣告上砸下大筆廣告費的大公司或政府，為了煽動大眾，也巧妙運用了洗腦技巧。

隨著社群媒體的普及，社會資訊超載，融入心理技巧的假消息、詐騙也變得越來越具危險性。世風日下，要保護自己與心愛的人，最好的方法就是「了解洗腦者的手法」。

當年做傳直銷時，儘管大多時候覺得問心無愧，但一定還是傷害了某些人。我深信，若是能將當時學到的技巧傳授出去，只要能多幫助一個人，就是現在的我對社會最好的回饋。

嘔心瀝血，只希望本書能為你的人生提供些微助力。請務必讀到最後。

Dr. HIRO

第一章

為什麼看了一堆說話教學書，口才還是沒起色？

談話專家在「說話教學書」裡不會告訴你的真相

你讀過市面上那些傳授「溝通技巧」與「說話術」的書籍嗎？

讀過那些書的人，請問：你的溝通技巧與口才變好了嗎？

這問題好像有點壞心眼。

大部分拿起本書的人，應該都對自己的溝通技巧不甚滿意。首先，我要告訴你：為什麼讀了說話教學書，口才卻沒有變好。

因為市面上的「說話教學」都是假的。

如同我在「前言」所述，我是一個一路靠嘴吃飯的人。

當然，我也讀了很多傳授說話技巧與溝通術的書籍。每本書都寫得煞有其事，但是當我賺了一些錢再去看那些書，腦中卻經常浮現這句話。

「這麼簡單就能讓口才變好，那滿地都是說話大師啦。這個作者的口才一定不怎麼樣。」

我懷疑那些堆放在書店陳列架的「主打書」，很多都是「哪個頭銜響叮噹的大人物在某處看到什麼招數，就聘寫手照抄一遍，然後冠名出版」。那種書洋洋灑灑寫了一堆看起來很實用的妙招，讀者讀完也信心滿滿，但一講話就破功。

我就來告訴你，那種書到底哪裡有問題。

問題在於，說話教學書只有教說話。

看到這兒，你可能納悶：「咦？什麼意思？」

拿起「說話教學書」的人，想必都是希望能增進自己的溝通能力。然而，其實練習說話，對於溝通能力並沒有幫助。

以學術的角度而言，溝通不是語言學，更像是一種心理學。

口才好的人，並不是母語說得好的人，而是說話能引起對方共鳴的人。因此，關鍵在於「如何讓人留下好印象」，而不是「如何選出最棒的用詞」。

所以，本書不會教你如何說得一口漂亮話，而是詳細解釋如何「塑造形象」。當然，多少還是會提到一些說話技巧，不過只要明白塑造形象的訣竅，口拙的人不必增強口才，就能營造出「溝通能力強」的假象。

有些人可能暗想：「塑造形象哪有那麼簡單？如果真有那種絕招，市面上早就出一堆教學書了。」

為什麼市面上沒有什麼形象塑造教學書呢？原因有二。

第一，如前所述，可能是因為作者本人並沒有學會什麼實用技巧。心理學家很了解心理學，卻不一定擅長運用心理戰術。

第二，就是大眾對形象塑造技巧的觀感並不好。

一般而言，溝通教戰的書會歸類在商業類，讀者也多為商業人士。作者知道自己的目標客群是誰，所以怎麼寫都只會寫出「看起來很正派」的書。

別。

至於形象塑造教學書，則多半歸類在（很多人覺得）看起來像旁門左道的類別。

畢竟，「口拙的人不必增強口才，就能營造出『溝通能力強』的假象」，看起來就像洗腦（把沒效的保健品當成寶）或催眠（把辛辣的芥末當成甜美的鮮奶油）嘛。各位看了，難道不覺得可疑嗎？

以下，是我在YouTube針對觀眾所做的洗腦與催眠問卷。

洗腦與催眠，也是由心理學這門科學所衍生出來的現象。既然是科學，就必須能百分百重現，無論由誰來做都必須得出相同結果。即使是對詐騙百毒不侵的敝頻道觀眾，也只有三十%的人認為「每個人都學得會」。

那麼，一般社會大眾，應該更認為洗腦與催眠是邪門歪道。因此，若是作者在商業書籍寫了這些東西，很有可能會破壞自己的聲譽、自毀形象。

Dr. HIRO 實驗室

請告訴我，
你對催眠術有哪些看法呢？^^

催眠是可行的	5%
每個人都學得會	24%
有些人適合，有些人不適合	44%
不存在（我認為是詐騙）	27%

4469 票

Dr. HIRO 實驗室

謝謝各位昨天幫我填寫催眠相關問卷。
針對洗腦，我也想提出同樣的問題，
請各位盡情發表意見 ^^

洗腦是可行的	7%
每個人都學得會	37%
有些人適合，有些人不適合	45%
不存在（我認為是詐騙）	10%

3053 票

因此，我將藉由本書，毫不保留地公開邪教與傳直銷的招攬絕招——看起來很像邪門歪道卻很實用，保證學一次就上手的洗腦催眠技巧！

只要熟讀本書並親身實踐，任何人都能將普通的自來水說成「奇蹟之水」，高價賣出。

如果你認為「我才不需要這種邪門歪道呢！」，應該也會在閱讀的過程中察覺：其實世界上充斥著用「形象塑造」手法所包裝的人事物，了解其中的眉角，才能保護自己。

接下來我要介紹的技巧，請你當成正經的商業策略或生活調劑品來閱讀，也希望能幫助你保護自己，不受高明話術所騙。

“以前我的口才也很差

「以前我的口才也很差。」

這句話，是這類說話教學書最常用的開場白。

「起初我也很不會說話，但是學會某個方法後，口才就好多了！」

我看到這種內容，只會暗想：「最好是啦！你只是為了多賣幾本書，所以想騙讀者對你產生認同感而已。」你呢？

我想，我對那類文句反感，並不是單純因為我個性偏激。

話說回來，以前我口才真的很差。而且不僅如此，我對此毫無自覺。

我所謂口才差，並不是指表達能力不好。我講起話來滔滔不絕，但這種人就是最不容易察覺自己「口才不好」的人。

「什麼意思？既然口若懸河，不就代表口才很好嗎？」如果你有這種想法，千萬別照著這方向去磨練口才，否則是很危險的。

接下來，為了方便解釋「口才好/口才不好」的差別，請容我稍微聊一下自己的童年。

我小時候是所向無敵的吵架高手。

此處所說的，並不是指「以前我是不良少年」那種有點酷酷（只有我這麼想，其實別人聽得很尷尬）的當年勇。

而是指沒人吵架吵得贏我。[1]

很遺憾，直到我長大成人，才明白吵架吵贏的人才是輸家。請記住我在本章開頭所說的大原則：「以學術的角度而言，溝通不是語言學，更像是一種心理學」。你逞了口舌之快，卻在對方心中留下最壞的印象。

業務的最高指導原則，就是讓對方講贏你，談生意時讓利給客户。但是，小時候的我，哪可能知道這些呢？

1　日文原文為「喧嘩」，有吵架也有打架之意，故作者在此特別說明。

小時候我身體不好，運動神經不發達，只有腦袋動得比任何人都快。同學在想一件事時，我腦中卻同時想著兩、三件事。聽起來很像自誇，但這項特點，卻造成了我最大的自卑。

我自卑的就是「無法與人聊天」。

我放任腦袋快速運轉，不等對方答腔便連珠砲似地說個不停，成了一個討人厭的小鬼。

我就直說吧，其實我是連珠砲掃射型的溝通障礙者。這習慣我一直改不掉，直到長大成人，依然擺脫不了溝通障礙。

而且，當年我沒有察覺自己哪裡不對勁，反而怪別人「不會聊天」。隨便想也知道，不會聊天的人明明是我……說來真是汗顏啊。

各位，你周遭應該也有人一旦開口，嘴巴就停不下來吧？

那個人並不是「口才好的人」。

看到這兒，很多人應該會認為：「那麼，那個人就是『口才不好』囉？」不過，當事者並不會這麼想，反而誤以為自己「腦袋動得很快，講話簡單扼要，是個聰明人」。我當初就是這麼想的。

講話像連珠砲，其實也是表達能力欠佳的一種，是「口才欠佳者」的常見典型模式。

怎麼說呢？因為這會帶給人不好的印象。溝通的目的，是為了打動人心，而不是為了打壞別人對你的印象。越溝越不通，怎能算是口才好呢？

所謂「口才好」，並不是指短時間內說出一大堆文法正確的話，而是說話能打動人心。

我對此渾然不知，就這麼一路長大成人。當了業務後，自然也四處碰壁。

想當然耳，我的業務之路一直很不順遂。我只是在大學時期在辯論跟商業企劃比賽[2]方面成績不錯，所以對自己的口才有自信，才會在業務圈硬撐那麼久。

現在想想，辯論比的是理論，而不是心理；至於商業企劃比賽，也是比誰能在短時間內單方面傳達企劃內容，本質上跟重視真實溝通的業務完全不同。

然而，當時的我並不明白這一點，結果大部分客户只會回我：「我懂你的意思……我再考慮看看。」

此時，我遇見了人生中的轉捩點——傳直銷。

大學四年級時，我被人騙去參加「經濟講座」，結果就這樣被收編，做了六年傳直銷。後期我的年薪將近兩千萬日圓，但頭三年根本沒賺到錢。

連續三年都賠錢，就連我這種遲鈍天兵，也不得不仔細檢視自己：到底哪裡出了問題？

接著，我不斷試錯，開始學習洗腦技巧（如〈前言〉所述），這才察覺自己「不會聊天」的事實。

然而，我二十四年來都有溝通障礙的問題，你一定想問：「溝通障礙有那麼好解決嗎？」

直接說結論吧。我很快就解決了。察覺自己的溝通障礙之後，過了一年，我成了傳直銷圈的頂級業務員。

2 ビジネスプランコンテスト，是由學生構思創業企劃，主辦單位再針對創新、實現的可能性及發展性來評分，並提供獎金與創業支援。

當然，問題並非一發現就得以解決。因為當時沒有所謂的「正確解答」，所以我是在無數的失敗與衝突中摸索，一點一滴地打磨出自己的溝通理論。

我原本以為溝通的訣竅是「正確傳達合理的論點」，但開始學習洗腦技巧之後，我才明白：**能對人心產生影響力的說話方式，才是溝通的精髓**。

究竟是哪些話術，使人相信那些「穩賺不賠的好機會」、使人深陷宗教而無法自拔？

開始學習詐騙跟洗腦技巧後，我簡直大開眼界。

如何打動人心？如何取得對方的信賴？如何增進人緣？洗腦教學書所撰寫的技巧，遠遠比商業書籍更實用，用詞也十分直接。

對此產生興趣後，除了商業領域的洗腦教學書之外，我也開始從詐騙案件跟電視劇裡學習解讀人心，試著分析這些真實人類行為印證了哪些心理效應。

接著，就是在日常生活中實際應用。

傳直銷幾乎每天都會認識新的人，也需要與各種人經營關係，簡直就是驗證心理技巧的最佳環境。

該如何在短時間內獲得對方信賴？該說些什麼，才能讓對方回心轉意？我在不斷的嘗試之中，逐漸將書中的理論化為自己的武器。

成為頂尖業務員之後過了好一段時間，我個人的溝通理論才大致成形，約莫是六年傳直銷生涯最後的那段時光。

接下來，我會將至今所學的暗黑技巧重新編撰解說，好為你提供最大的幫助。請做好心理準備，下一頁起，將完全顛覆從前你所深信的溝通理論。

洗腦比游泳還簡單

“心理誘導，每個人都做得到！

只要實際應用本書所寫的內容，你也能靠著一張嘴洗腦對方，把黑的說成白的、把死的說成活的。

「少來啦！太扯了吧？」如果你這麼想的話……那正是我要的效果！別擔心，只是很少人朝這方向努力而已，只要有心想做，其實很簡單的。

我來向大家剖析一下，為什麼一般人認為「洗腦不可能辦到」。

我想，可能是大家都把洗腦想得太難了。

如果各位把洗腦想成電視劇或漫畫裡的「命令別人對自己交出所有財產，掌握對方的生殺大權」那種洗腦，當然會覺得很困難。不用說，洗腦也是有程度之分的。

本書想傳授給各位的「洗腦」，屬於對談生意有點幫助，看起來沒什麼（卻很有效）的心理誘導。

若以游泳來形容難度，就是在長度五十公尺的游泳池游完全程，途中完全不停下來。完全沒學過游泳的初學者，可能會覺得「好厲害喔」「我一定辦不到」，但若是從小學習游泳的人，一定覺得這很簡單。

如果是靠自己慢慢摸索，可能沒那麼容易；但若有人教導正確的游泳方式與換氣方法，說真的，連小孩都辦得到！

電視劇跟漫畫裡的洗腦，若以游泳來比喻，就是奧運等級的難度。畢竟，要是簡單到誰都辦得到，就沒必要做成漫畫與電視劇了。

在此，我們先來為「洗腦」下定義。

本書所指的洗腦，是「誘導對方改變思考方向」。

電視上那些謀財害命的劇情，或是SPA美容師向客户推銷療程，兩者都是洗腦，差別只在於「撼動人心的力道有多強」。

「口才好」就是能用話語撼動人心，因此「口才好」就是「具有洗腦力量的說話方式」。這個說法不是很嚴謹，但各位可以想成「洗腦=優秀的口才」。

說到這兒，或許有人認為：「那就是『說服』啊！怎麼會是洗腦？」但是坊間洗腦書籍對於「洗腦」的定義，多半就是如此。其實「洗腦」的力量，有時候被某些暗中活動的邪教，或是漫畫或電視劇過度誇大了。

你是不是有點失望呢？

不過反過來看，在這樣的定義下，洗腦看起來是不是簡單多了？

學習新事物時，最重要的就是：看起來不能遙不可及。

假設某甲跟某乙都是同一門課程的學生，某甲的親戚跟同學都陸續進了東大，所以某甲心想：「不然我也上東大好了！」因而選修了這門課；而某乙認為：「東大只有天選之人才進得去，跟我沒關係。」兩者的成績進步幅度，絕對大大不同。

坦白說，我父母也曾經對我洗腦。

我老家附近有一間徒步即可抵達的超商，此事讓我在小學六年來出盡鋒頭，可見我家鄉有多麼偏僻。我家族的親戚沒有一個人上大學，說起來，這在現代實在很罕見。

從小，父親就對我灌輸偏差的觀念，說道：「光是能上大學就很了不起了。那些過年時參加驛傳[3]的大學名校，只有貴族才進得去，而念醫學院、上東大的人啊，都是些腦袋怪怪的天才啦。」

這種洗腦，是源自於我父親的「恐懼」。為了避免大家誤會，在此聲明一下：其實我父親真的是好人，他應該完全沒有惡意。他是基於百分百的善意，認為上東大、念醫學院的人腦袋都怪怪的，不希望兒子變成只會死讀書的怪人，因

3. 又稱驛傳接力賽，日本多人組隊長距離接力賽跑，三浦苑紫名作《強風吹拂》便是以箱根長距離接力賽跑為題的小說。

此想保護我。

誰知道，此舉卻只是讓我從此逃避課業。

我是如何對抗父親的洗腦，詳情容後再談，此處的重點是：我的父親，在不知不覺中對我施加了洗腦。

若將洗腦定義為「誘導對方改變思考方向」，那麼恐怕你也在下意識中洗腦了他人，也受到他人洗腦。

洗腦的程度因人而異，但我這輩子還沒見過從不受誘導影響的人。人類是一種很容易受影響的生物，要洗腦人類，簡直容易得驚人。反過來說，即使是不知洗腦為何物的人，也經常不自覺地洗腦別人。

因此，如果有人問：「洗腦這種事，我辦得到嗎？」我的回答是：「你已經會洗腦了。」

換句話說，如果想將洗腦技巧用來談生意，並不需要學習什麼新技能。你只要學會控制，重新掌控平時不知不覺間流失的力量即可。

附帶一提，我個人視之為聖經的《讓人人都聽你的19堂說服課》（*Persuasion: The Art of Getting What You Want*），對於洗腦的定義是：「為了利己而誘導他人是洗腦（或操控），為了利他而誘導他人是說服。」簡單說來，說服與洗腦所使用的是同樣的技巧，而歸類在哪一邊，則取決於動機。

這套技能會成為說服的技能，或是洗腦的技能，全取決於使用者。本書將說服與洗腦都歸於「洗腦」之列，請各位務必將這套技能用來說服人唷。

“模仿天才騙徒，就跟在尾牙表演彎曲湯匙一樣

我再說一件事來降低門檻好了。說穿了，邪教跟天才騙徒所做的洗腦，只要你有心想做，其實超乎意外地滿容易成功的。

為什麼呢？因為他們並非超能力者，比較像魔術師。

在不知道魔術手法之前，魔術看起來簡直就像魔法似的。有時候，就算是人人皆能辦到的派對魔術，如果怎麼看都看不出破綻，還是會覺得：簡直就跟魔法一樣神奇。

不過，一旦明白手法，人人都能看出破綻。很多魔術甚至只要稍微練習一下，就能學起來了。

真正厲害的魔術師，並非手巧、懂表演的人（不過光是這樣也很強了），而是想出獨門魔術的人。

同樣的，第一個想出詐騙跟洗腦手法的人，真的是天才。

回顧歷史上的知名詐騙案，其實那些騙徒所使用的不少手法，堪稱是現代行銷學的先驅。

不過，那些歷史上的天才騙徒們所用的手法，現在已是一般公司的新人教育訓練必修課程，有時甚至會印成教學手冊，發給工讀生。

說到魔術，手巧當然是必要條件，但只要知道箇中道理，不少魔術都是人人皆能立即模仿的。

無獨有偶，歷史上的天才騙徒與邪教教主所使用的許多心理技巧，只要知曉箇中竅門，也能一秒學會。

當然，不是每一招都那麼簡單，但是大部分技巧都像是在派對上表演彎曲湯匙，只要稍加練習，任誰都能學會。

請記住以下這點。

但是連小孩也
能輕鬆使用
滑手機
製造、想出這
東西的是天才

想出天才技巧的人固然是天才，但是每個人都能使用這項技巧。想出iPhone的史蒂夫．賈伯斯無庸置疑是天才，但是小孩也能輕鬆學會如何使用iPhone。道理是一樣的。

好了，讀到這兒，你對洗腦與心理誘導的印象，是不是稍微改觀了呢？如果是的話，本人深感榮幸。

然而，回顧我前面的文章，我的文筆肯定不算好，應該也多少有幾處文法錯誤。

看起來很像辯解，但我想說的是：表達能力好的文章，不等於文筆好的文章。在心理上能產生效用的文章，也不等於文法正確的文章，換成日常溝通來說也是一樣的。

簡單一句話：「只要抓住溝通的重點，小地方不用太在意」。接下來，我也將持續貫徹這個原則，請放鬆心情，享受後續章節吧！

第二章

該怎麼做，才能讓談吐具有洗腦能力？

洗腦最重要的是「定位」（Positioning）

“如何塑造形象

首先，我要告訴你：使談吐具有洗腦能力的最大關鍵是什麼。

洗腦，最重要的並非話術或眼神，而是定位。說得更極端一點，其實話術、眼神、外貌，都是為了定位而存在的。

光是改變定位，就能大大改變同一句話所營造的形象；既然溝通的重點在於形象，那麼沒有比塑造定位更重要的了。

定位，顧名思義就是「定義商品在市場上的位置」。洗腦最重要的關鍵，就是要讓聽者認為「這個人講的話，我最好聽一下……不對，我想聽他多說一點！」（譯按：作者這裡的解釋有點簡略。意思是將自己定位成「值得人仔細傾聽」的形象。）

日文裡有一句話叫做「ポジショントーク」（Position talk，和式英語），意思是將話題帶到對自己有利的方向。

如果想藉由談話來定位，會被批評是「ポジショントーク」，但如果是從外表、舉止、談吐來定位，聽者便不會察覺有異，比較容易接受。

如果想讓聽者仔細聽你的話，要做些什麼呢？

簡單說，就是扮演一個讓人在兩秒內認為「你是真貨」的人。

假設要在尾牙表演魔術，如果你穿著平常上班穿的衣服、梳著同樣的髮型，觀眾應該很難入戲吧？

反之，若是把頭髮弄成後梳油頭、穿上筆挺的燕尾服，瀟灑地挺直腰桿表演，會有什麼效果呢？

如果加上乾冰跟氣氛滿滿的音樂，那就更棒了。只要效果與氣氛對了，同一套表演得到的迴響肯定大大不同。

不僅如此，對的服裝與髮型，也能改變你自己。

你聽過「白袍效應」這句話嗎？這是一種心理效應，意思是「請門外漢假扮醫生時，穿著白袍的門外漢，行為舉止會比穿著一般便服時更像醫生」。

外表變了，不僅別人對你的印象不同，自我認知也會不同。

常言道：「要欺騙敵人，必須先騙過自己人」，更進階的做法就是：「要欺騙自己人，必須先騙過自己」。

比如說，如果我要開咖哩店，一定會先去日曬沙龍一趟。我完全沒有任何歧視的意圖，只是，很多人應該認為：小麥色肌膚的廚師做出來的咖哩，比肌膚白皙的廚師做出來的咖哩「道地」。[1]

1 台灣的咖哩有日式咖哩也有印度咖哩，因此可能較不會有這種想法，但對日本人而言，印度咖哩是比較「道地」的咖哩。

如果要做傳直銷講述發大財之道，標準配備就是「一看就懂」的名牌；要當邪教教主，最好打扮得神祕一點；要當占卜師，就讓自己看起來充滿靈性光輝。說來算是老套，但老套之所以是老套，就是大家都抱著這樣的刻板印象，所以老套很好用啊。

總之，重點就是先從表面做起。定位的關鍵，就是先卯足全力做好表面工夫，好讓別人認為「你是真貨」。

「我才不想被當成那種人呢！」請你先把自尊擺一邊，畢竟重點在於「對方怎麼想」。

以前做傳直銷時，常有人用一句話勸我，那就是：

「你先成功，再來談做自己。」

什麼是定位？

就是將自己塑造成

「值得人仔細傾聽」的形象

定位成

「講師」

定位成

「魔術師」

定位成

「藝人」

依場合改變定位，

別人才會想聽你的話。

定位不同，

聽者的接受度與信任度也不同！

講話要動聽，「開口前」先做好這一點

“溝通九成靠○○

接下來，我要具體傳授大家：該如何透過形象塑造來撼動人心。

你知道《人生九成靠外表》這本書嗎？還有一本書叫做《人生九成靠說話》，另一本書叫做《人生九成靠表達》。每本書都很棒，但三本加起來就有二十七成了。[2]

除此之外，各位去亞馬遜書店搜尋「九成」看看……來了來了，一大堆「九成」書！大家講話都很浮誇耶，這年頭根本是浮誇年代嘛。

不過，我讀了上述三本書，卻發現三本書的內容都大同小異。其實，「外表」「表達」「說話」，都是指涉相似的概念。

而這類概念的核心，就是「麥拉賓法則」（Mehrabian's Rule），[3]這在塑造定位時相當重要！我多希望他們直接說「人生九成靠麥拉賓法則」啊！不過這種書

2　三本書的原名分別為《人は見た目が9割》《人は話し方が9割》《伝え方が9割》，為使讀者了解日版原書名的相似處，故採取直譯。台灣目前市面上僅《人は話し方が9割》有中文版，書名為《共感對話：1分鐘讓人喜歡的對話術》。

3　Mehrabian's Rule，或稱7—38—55法則。此法則在世界上遭到普遍誤用，Albert Mehrabian的研究是用來判斷感覺或態度，當人說話時的語調或表情與說話內容不一致，聽者傾向於相信語調或表情，而不是說話內容。由於誤用者多，Mehrabian也聲明「Unless a communicator is talking about their feelings or attitudes, these equations are not applicable.」〔除非溝通者是在談論他們的感受或態度，否則此公式不適用。〕。

名應該賣不出去就是了……

或許有人心想：「我早就知道麥拉賓法則了！你還不快教點有用的？」

不過，麥拉賓法則真的很重要。

我要問各位一個問題：

你知道麥拉賓法則嗎？

現在應該很多人在心裡點頭說「我知道」吧？好，那我換個問法。

你能解釋麥拉賓法則嗎？

「呃……那是什麼來著？」應該很多人滿頭問號吧？

如果將「知道麥拉賓法則的人」分成幾個類別，大概是以下的狀況（比例我是亂填的）。

- 知道麥拉賓法則，但無法解釋……90％
- 可以解釋麥拉賓法則，但沒有靈活運用……10％
- 在生活中盡可能活用麥拉賓法則……0％

我教過許多人做簡報、如何說話，很多人都知道「麥拉賓法則」，但能解釋的人卻寥寥無幾。至於能活用麥拉賓法則的人，根本一個都沒有。

不過，這也是因為能靈活運用麥拉賓法則的人，早就已經是溝通大師了，所以不需要我教。這項法則，就是這麼強！它既有名也很強大，卻沒有人靈活運用，真是太可惜了。我個人覺得，它根本該編入教科書裡。

在此，我要向各位介紹麥拉賓法則。不記得的人，請趁現在記下來，可以用上一輩子！坦白說，光是記住這一點，你買這本書就值了（「你在打預防針哟？」不要吐嘈我嘛。）！

“7─38─55法則

麥拉賓法則也稱為「7─38─55法則」，這三個數字，代表下列要素在形象中所占的比例。

・語言訊息（說話內容、用字遣詞） 7％
・聽覺訊息（聲音大小、說話語調） 38％

• 視覺訊息（外在、表情、動作、態度） 55％

此外，這也稱為「3V法則」。3V是取自以下三個詞的首字母：語言訊息（Verbal）、聽覺訊息（Vocal）、視覺訊息（Visual）。這三個詞不必背，不過如果你需要指導他人，我還是建議背一下，因為展現這類小知識可以增加你的權威性，讓你看起來更有模有樣。至於接下來這三點，就非常重要了。

• 語言訊息只占7％，一點都不重要
• 聽覺訊息易被忽略，但38％也不容小覷
• 視覺訊息占了55％，亦即一半以上

「人生九成靠外表」，外表的意思是「視覺加聽覺」（不過把聽覺算入「外表」

好像有點牽強就是了）；「人生九成靠說話」，說話就是指「視覺訊息加聽覺訊息」。

而我，也要提出同樣的概念。無論如何修改談話內容，口才都不會變好。遣詞用字才占7%而已耶！根本不重要啦。

重要的是：你頂著何種外表，用何種舉止、何種聲音說話。

如果你想學好溝通，卻去讀什麼《怎樣說日語才正確》、《撼動人心的名言佳句》，很遺憾，那全都沒用沒用沒用沒用沒用！就是這麼沒用。

名言佳句是無法打動人心的。如果是書籍，由於讀者只能仰賴文字所提供的視覺訊息，因此遣詞用字非常重要，名言的效用可能也較為明顯；但是在談話中，遣詞用字不是那麼重要——畢竟才占7%。

然而，自認「不會說話、口拙」的人，卻多半認為重點在於言詞。

「我很不會說話，真希望說話能變流利。」

「我老是說不出話，好想立即改善。」

這就像一個想煮出美味咖哩的人，卻將成本全花在福神漬[4]上面。

附帶一提，書籍該如何表現占了55%的視覺訊息呢？可以用插圖或是譬喻（如上述的咖哩飯與福神漬）來補強，如果讀者腦中浮現了影像，就等於使用了視覺訊息。電話跟廣播也是同樣的道理。你不妨聽聽看一流單口相聲家的表演，光是聽著聲音，眼前就浮現了情景。

4 日本飲食中常用來搭配咖哩飯的醬菜。

這很重要，所以我要重申一次。

「想要改善口才」的人，絕大多數都只在意僅占7％的語言訊息。

在只占7％的地方鑽牛角尖，口才怎麼可能變好呢？你開一家咖哩飯餐廳，無論福神漬多麼好吃，只要最關鍵的咖哩飯醬汁跟配料不好吃，都稱不上是好吃的咖哩飯吧？

想改善口才，重點在於視覺訊息（55％）跟聽覺訊息（38％）才對。

醜男也能靠著氣場變帥哥

“不要逃避聯誼

說到聯誼，你有沒有聽過這種說法？

「帥哥講話，女生都眼睛發亮地專心聽；醜男講話，女生就翻白眼。」

其實這不僅限於女性，男性也是如此。

為了鍛鍊口才，你需要願意專心傾聽你講話的人。因此，我希望你想想聯誼的狀況。

人不管做什麼，最重要的都是外表。醜人絞盡腦汁、使出渾身解數講笑話，也比不上帥哥（或美女）隨便聊聊「喜歡的食物」，比前者多出一千倍吸引力。（※此處所說的帥哥美女、醜人，不是專指五官，而是指整個人的氣場。只要努力，每個人都能成為氣場帥哥、氣場美女，所以請勿悲觀，繼續看下去吧。）

你是不是心想：「沒有啦，聯誼本來就是那種地方啊！」真是不見棺材不掉淚啊。

就拿我個人經驗來說，在傳直銷界，外表的階級落差也是相當明顯的。傳直銷界的高階主管，帥哥美女占了極高比例。

金字塔頂端的最高階級，有時是從外面挖角來的，不僅如此，能靠自己一步一步往上爬的，只有擅長拉下線與組織管理的一小部分人而已。

而外表越是好看的人，拉下線的成效越好。尤其是女性，成員多寡，幾乎就等於外表的美貌程度。

說來殘酷，外貌魅力不足的女性，即使賭上整個人生來做傳直銷拉下線，成效也比不上美女兼職做傳直銷，偶爾拉拉下線。

外表不只會影響到拉下線成效，也會大大影響組織管理的效果。

A女：「我也想變得跟妳一樣漂亮！」

B女：「呵呵呵……這都多虧了○○公司的化妝品跟保健食品呀。」

有些人會講這種話，但都是唬你的。說穿了，若是外表不好看，連爬到主管位子都很難。

美女不是靠化妝品跟保健食品養成的，而是仰賴天生麗質跟化妝技巧、生活習慣與衣著所打造而成。

穿著滿是毛球的衣服、頂著有化跟沒化一樣的超淡妝容，就算每個月花好幾萬吃保健食品、把高級沐浴乳與化妝品整罐往頭上倒，也不會搖身一變變美女。

我自己就長得其貌不揚，所以有資格這樣說。醜人想要別人聽你說話，簡直就像走在荊棘之路。

我在上一章說過「洗腦比游五十公尺泳還簡單」，但若加上「醜」這個條件，難度就好比「全身綁著一百公斤的秤鉈游完五十公尺」。

“難道長得醜就沒救了嗎？

不過，各位也不需要悲觀。如前所述，此處所指的醜，並不是光指五官。

當然，五官端正的人就是比較吃香。讀到這兒的你，無論你對外表多麼沒自信，「醜」都是有救的。畢竟我原本是醜男，而且在傳直銷圈也見證了許多男女成功改造自己，前後判若兩人。

我明明其貌不揚，卻不想整型（但還是想當人生勝利組），簡直是個任性的醜男；但是除了整型，我可是做足了一切努力。

我做了哪些努力呢？像是去高級一點的髮廊理髮、鬍鬚除毛、矯正牙齒，還去了專門處理眉毛的美容院。結果，原本我的外貌偏差值[5]是四十左右，現在已

5　日本對於學生學力的計算公式值，偏差值越高，越容易考進好學校。

經提升到五十（平均偏差值是五十）或五十一……我猜應該是吧（講話突然變小聲）。

當年做傳直銷時，我基於自己的經驗，向不少對外表沒自信的人提供了許多改變外表的建議。然而，我遇到了一項障礙。

要醜人花錢打理外表，好像要他們的命似的。

這不是印刷錯誤，而是必須大聲說出口的事實。

我說：「去髮廊花個五千圓剪頭髮吧。」他們竟然回：「以前我都只花一千圓剪頭髮，所以這次我花了三千圓剪頭髮！」6

我的每個建議都被打折扣，久而久之，對方所得出的結論居然是：「我照著你的建議做，可是一點用都沒有啊。」真是人醜心……抱歉，差點就失態了。

有了上述的經驗，我領悟到一件事。

醜人不是生來就醜，而是相由心生。

目前是二十一世紀年，科學、藝術都已相當發達，只要花一點點錢，每個人都有機會將自己的外表改善到一定程度。機會滿地都是，有些人卻依然其貌不揚，那就代表當事者根本不想把握機會。

6　日幣五千圓大約台幣一千元，日幣一千圓與三千圓約為台幣兩百元、六百元。

另一方面，越是天生麗質的人，越是願意花錢打理自己的外表。以前在傳直銷圈，我們組裡就有人漂亮得像明星似的。

她每星期都會稍微變化妝容，也會每個月更換髮色。有一天，我問她：「妳那麼頻繁更換髮色，也太辛苦了吧？」你猜猜她回什麼？

只見她微微一笑，說道：「常言道：『美人三天就會看膩』，不是嗎？」她的語氣沒有一絲嘲諷，我不由得衷心佩服，對她說：「甘拜下風。」

她是我的下線（大概就像公司的下屬），但她對美的至高標準，讓我學到了許多道理。

再來說到男性，我有個男性朋友非常受歡迎。他身高一百八十幾公分，算是模特兒身材，此外又穿了七公分高的隱形增高鞋，看起來身高超過一九〇。

我問他：「你已經很高了，幹嘛穿隱形增高鞋？」他說：「因為高一點更吃香。」

其實，以前我的上線（大概就像公司的主管）也要求我至少三星期剪一次頭髮。這樣才能時時維持最佳髮型，連剛剪完頭髮都不會有人察覺。

以前品味不好時常買到矬矬的衣服，我還曾經在穿著矬衣服的第一天，就被上線要求把衣服丟掉。

讀到這裡，你可能會認為我的上線非常嚴格，但其實並非如此。我了解他是為了栽培我才會直言不諱，而且他自己也以身作則，所以我對此虛心受教。

反之，有很多上線要求更嚴格、更不合理，但好笑的是，他們的外表一點都不帥。要麼體型鬆垮，要麼穿上自己無法駕馭的華麗名牌，結果顯得更沒品味。

在各位的印象中，那些做傳直銷的人與投顧老師，都是滿身俗豔名牌對吧？不過，在我看來，會那樣穿的都是沒實力的人。沒實力的人想打腫臉充胖子，結果畫虎不成反類犬。

在這個世界上，冒牌貨的數量遠比真貨多，所以才會使這種印象深植人心。真正有魅力的人不會品味低劣也不會挖苦人，而是一個字：帥！

現在依稀記得，我尊敬的上線曾經說過：「把自己當成明星，全世界都在看你。」「你要比牛郎更牛郎。」

在他們的高標準美感教育下，我學到了一件事。

醜就是沒禮貌，
矬就是滔天大罪。

不僅如此，我也明白只要持續努力打扮，每個人都能成為「氣場帥哥」。

說來話長，其實不久之前，我一直是個又醜又矬的人。

衣服亂穿、身材瘦巴巴、鬍鬚沒刮乾淨、眉毛也沒修，簡直就是零魅力。這種人講話，誰會想聽呀？

如果有個鼻毛露出來、肩膀有頭皮屑、門牙還沾著海苔粉的啤酒肚大叔說：「我是神的代言人。」你大概會暗自吐嘈：「神啊，祢好歹選個像樣點的代言人吧。」

而現在的我，可能還是一樣醜，但我敢說自己已經不矬了。我身材精實、下巴光滑（做了鬍鬚除毛），衣服也只挑合身的款式來穿。我明白自己跟世人眼中的「帥哥」相比差了十萬八千里，但我敢挺起胸膛大聲說：現在的我，已經是史上最好的我了。

對自己外表沒有自信的人，先想辦法擺脫「矬」吧。就算沒辦法變成世人眼中的帥哥美女，至少也要立志成為史上最帥、最美的自己。如果能持之以恆，你一定能成為氣場帥哥、氣場美女。

想要別人專心聽你說話，必須先做好這最重要的第一步。

擺脫「矬樣」！檢查你的脫矬清單

接下來，我會詳細講解該如何擺脫「矬樣」。

我按照輕重緩急列了五項要點，雖然主要是針對男性，女性也不妨斟酌參考。

□服裝、包包、鞋子的尺寸與搭配※1

□每日保養肌膚※2

□一個月至少剪一次頭髮，剪一次至少花五千圓※3

□鬍鬚除毛※4

□健身

1. 服裝、配件與鞋子搭配

重點在於：①尺寸；②搭配。

有些人可能對於挑衣服沒有把握，這樣的你，千萬不要自己挑自己買，或是參考雜誌的搭配。

請找服裝品味好的朋友陪你去，或是去信任的服飾店請店員幫你挑選、給你建議。如果自己去買衣服，請將假人模特兒全身的服裝與配件都買下來。

2. 肌膚保養

我想，大部分女性都有做到這點，而男性們也應該保養皮膚。只要在洗臉後塗抹市價一百圓左右的凡士林即可。

不過，凡士林如果塗太厚，看起來可能會油光滿面，請務必小心。用食指的第一指節輕輕抹在掌心，然後在臉上按壓幾下，薄薄抹上一層就行了。

3. 剪髮造型

五千日圓只是粗略估計，每家店的價位都不同，但以我的經驗看來，願意細心提供髮型諮詢與建議、為顧客量身打造髮型的設計師，收費大概是五千日圓左右。

4. 鬍鬚脫毛

除非你對鬍鬚非常講究，否則請務必為鬍鬚除毛。光是少了鬍鬚，就能營造出截然不同的形象。刮鬍子對皮膚負擔很大，因此少了刮鬍子這步驟，就能改善膚質。一般的鬍鬚除毛價位大概是五萬至十萬日圓，說起來並不便宜，但既然都出社會了，為此存錢是值得的。

如何擺脫矬樣？

重新檢視服裝、
包包、鞋子的尺寸與搭配

保養肌膚

花五千圓以上（左右）
剪頭髮

健身

擺脫矬樣，看起來就可靠多了！

“改變人生的48小時法則

有一條知名法則叫做「48小時法則」，意思是人的幹勁過了四十八小時就會消失，因此若不在四十八小時內行動，很可能就會擺爛。如果你渴望改變，請務必在四十八小時內實行前述的「脫殼清單」。

「好麻煩喔……」

「反正努力也是白搭……」

「等到我有心情再做。」

請你丟掉以上的想法。人類可是找藉口的天才呢，人就是討厭改變。麻煩跟改變是一體兩面，你覺得麻煩的那件事，蘊含了改變的可能性。

如果你想要「改善外表」，建議你現在馬上拿起手機預約理髮或除毛服務，然後買一些適合自己的護膚產品。

此刻就是你最充滿幹勁的時刻，錯過就再也回不來了。要改變？還是不要改變？請你現在就下決定。

這個嘛……以前做傳直銷時，我就是用這種手法催促人趕快下決定。不過，上述的話都是事實，希望你能提起勇氣改變自我。

如果就是提不起改變的勇氣，不妨翻回七十一頁，保證讓你心痛。

「談話地點」不同，塑造出來的定位也不同

“選地點的能力，等同於你的溝通能力

既然要談定位，就必須談談這項與行為舉止同等重要的要素：選地點的能力。

你玩過電玩遊戲嗎？有些遊戲的特定區域能提升角色的能力，或是提升技能威力。

在現實世界也是同樣的道理。地點選對了，你的表現就能提升好幾倍。

工作能力強的人，個個都懂箇中道理。

老實說，業績好的人跟我約見面，從來不曾約在怪怪的咖啡廳或餐廳，反觀很多工作能力差的人，選地點的品味也不大好。

在傳直銷界，依據會員等級的不同，選擇的招攬地點也不同。

▼糟糕透頂：速食店、低價位家庭餐廳

如果你在速食店看到傳直銷業務在拉下線，那個人一定拉不到人。說白一點，不管是傳直銷、投顧課程或投資，想在速食店拉攏陌生人「發大財」，根本就是瘋了。

拜託你別說什麼：「可是華倫．巴菲特也很喜歡麥當勞，常常吃麥當勞啊！」我現在談的是「場所的氣氛」，就算世界首屈一指的大富豪喜歡吃麥當勞，你還是得想想該店的氣氛會帶給對方何種印象。

▼差強人意：低價位連鎖咖啡廳

如果沒有更好的地點，有時也只能約在連鎖咖啡廳了。不過，若是有更多其他選擇，請盡量避開這種地方。

至少，業績好的人絕對不會選這種地方跟陌生人面談。雖然我覺得被邀約的一方「看到地點是連鎖咖啡廳就應該要提高戒心了」，不過喝著一杯兩、三百圓的咖啡，一邊聽人吹噓「搭頭等艙住總統套房」，似乎也挺吸引人的。

▼普通：氣氛佳的咖啡廳

對我而言，一家適合談生意的咖啡廳，一杯咖啡至少要五百圓以上。不過，有些市中心的連鎖咖啡廳雖然價格昂貴，座位卻太擠、太吵，所以這價位只是粗略估計。

既然要談生意，至少要選一家高中生不敢輕易踏入的店。

▼好像有點強：飯店的大廳酒吧

這種一杯咖啡要價一千日圓以上的地方，賺得不夠多的傳直銷業務或投顧老師是不會輕易入內消費的，因此選擇在此談生意的人，很有可能業績很好。

這一招，希望大家絕對不要用在不正當的地方。假設你手頭並不寬裕，卻約人在此處談生意，對方一定會認為你賺很多，對你多一分信任。如果對方是對一流飯店毫無招架之力的人，你更能在入座的那一刻掌握主導權。

第三章

這樣說話，
到哪兒都吃得開！

第一步就是拍馬屁

“詐騙集團都用這招！先學會撬開對方心房

廢話不多說，先來教你如何打開話匣子。「選對話題，包你怎麼說都動聽！」

選話題很簡單，每個人都能做，但效果卻十分顯著。

什麼話題這麼厲害？那就是滿足對方自尊心的話題。

說得極端一點，就是用吹捧、客套話、拍馬屁來當作開場白。

為什麼光是拍馬屁，別人就會覺得我很會說話？接下來，我要向各位分享當年在傳直銷講座上所學會的一項練習，以幫助各位了解這招的奧妙之處。

這項練習，就是極盡所能讚美對方。做傳直銷必須努力拉攏陌生人，因此塑造良好的第一印象十分重要，所以很多小組都會進行「讚美」訓練。

你可能覺得疑惑：

「哪有人被誇獎幾句就會相信你啊！」
「滿嘴客套話，反而讓人起疑心吧！」

不過，那是因為讚美的手法太差，才會產生反效果。

我說得再直接一點。

就算讚美的手法拙劣至極，人只要被瘋狂讚美，就會相信對方，打開心房。

人類這種生物，真的相信「天下有白吃的午餐」。詐騙集團稍微用點「甜頭」就傻傻上鉤，就是因為即使理智知道不可信，人還是會本能性地一頭栽進去。

人人都想要自尊，即使花錢買自尊也在所不惜；只要用「自尊」來當餌，人就會變得意外單純。

我所參加的「讚美練習」是兩人一組，在三到五分鐘內極盡所能地讚美對方。接著，讚美者與受讚美者再分別發表自己花了哪些功夫、有什麼感想。

主辦單位會盡量安排兩名互不相識的人同組，因此負責讚美的一方可得絞盡腦汁運用想像力，信口瞎說些諸如：「你的房間一定很漂亮」「動物一定很喜歡你」「如果你有孩子，一定是個好爸爸」之類的話。

被陌生人瘋狂讚美，想也知道百分百是客套話，但受讚美者的感想卻令人跌破眼鏡。

「第一次遇到這麼了解我的陌生人。」

「他對我的事情瞭若指掌。」

「我聽得心花怒放，嘴角忍不住上揚。」

很多人將那些信口胡謅的讚美當真，認為「對方真的了解我，一眼就看穿了我」，於是對對方更有好感，也有不少人認為那些讚美者「洞察力驚人」。明明只是隨便講講客套話而已耶。

如果你不相信，只要嘗試一次看看就知道了。聽到排山倒海的讚美，無論那些話內容為何，應該都不會有人覺得不舒服。

當然，若是雙方都想著「反正只是客套話」，做起來有一搭沒一搭的，當然不會有效。但是在日常生活中，大家不會認為別人的讚美都是客套，所以要是有人真誠地讚美自己，真的很難不敞開心房。請務必在日常生活中試試說客套話喔。

“傳直銷高手都在用的「拍馬屁妙招」

讀到這兒，有些讀者可能暗想：「要我向不喜歡的人鞠躬哈腰、拍馬屁，也太痛苦了吧。」請各位放心，我的想法跟你們一樣。

我就直說吧。

討人喜歡的最佳方法，就是對所有人拍馬屁。

當年做傳直銷時，有一位可敬的上線曾經告訴我：「你要對全世界拍馬屁。」而這句話，是他的恩師（隱居幕後，持有好幾家傳直銷公司的政治調停人）給他的建言。

這種話，只能對真正的「自己人」說出口。用膝蓋想也知道吧？傳直銷是由少數幾位領袖跟眾多下線所構成的金字塔構造，要是領袖跟底下的人說「其實我在拍你們馬屁喔」，那還得了？領袖都不領袖了。從這角度看來，這句話可說是僅有少數人知道的成功祕訣。

然而，當時的我自尊心過高，因此完全聽不進去。我心想：「我死也不要拍爛人馬屁。」「都不當上班族了還拍馬屁，死一死比較快。」

事實上，拍馬屁不會死，不拍馬屁反而無法開始第一步。

說到底，人要是沒有人緣，做什麼都不會順利。喜歡的人講了不大合理的話，大家多少還是能接受；但是討厭的人講了合理的話，大家就不願意接受了——這就是人性。

你或許擔心：「可是拍了馬屁，反而會惹人嫌吧？」不用擔心！唯有拙劣的拍馬屁手法，才會惹人嫌棄。

不管是推銷什麼都一樣，三流業務員的強迫推銷很惹人厭，但是一流業務員向客户推銷商品，客户還會感謝他。

只有兩種情況的拍馬屁會惹人嫌，那就是「只向上層拍馬屁，因此被下屬討厭」跟「拍馬屁的嘴臉太難看，因此被上層討厭」。如果你巧妙地向所有人拍馬屁，大家一定會喜歡你！

拍馬屁就是「獻媚」，那麼，你知道「媚」代表什麼意思嗎？

這不是日本的常用漢字，仔細看看媚這個字，是「女」字旁加上「眉」字。

其實，「媚」字的由來，是指女子（尤其是特種行業的女性）揚眉瞟目，以取悅中意的男子之意。從古時候重男輕女的語境看來，這的確不是什麼正面的詞。

不過，如果從現代的觀點來解讀呢？

現代人只會覺得揚眉傾聽男性說話的女性，是善於傾聽的聰明女子吧？

聽人說話時，若能配合談話內容而揚眉、蹙眉，將能帶來莫大的效果。這點會在後面章節詳述。

無論是特種行業或是其他行業，善於傾聽的女性（當然男性也是）自然比不擅傾聽的女性受歡迎，收入也可能比較高。

或許在重男輕女的古代，揚眉傾聽的女子就是因為人紅遭忌，才會產生「媚」這個字。

「毫無根據的客套話」比理性發言有效一百倍

“稱讚對方「你的衣服真好看」，不如說「你的品味真好」

或許有人會說：「可是，我就是很不會稱讚人嘛！」

各位不需要想得太複雜。

你可以先憑直覺讚美，或是瞎說也無妨。

總之，無論是主管或下屬，你都要卯足全力讚美！讚美他本人，讚美他的行為！無論是什麼芝麻小事都可以。

切記：比起顯而易見的表象，人更喜歡被讚美無法一眼看穿的內在。

比如說，如果你看到別人穿著很好看的襯衫，與其稱讚「你的襯衫真好看」，不如稱讚「這件襯衫買對了，你品味真好」，最好再補一句：「你房間一定也布置得很美！」如果要更天馬行空一點，你甚至可以說：「你一定知道很多氣氛絕佳的咖啡廳」「懂得買好貨的人，也懂得工作」「你渾身都散發著知性氣質」，這種毫無根據的客套話，可是異常有效呢！

我敢打包票，如果對象是主管，他會覺得：「你真懂！」，如果對象是下屬，他會認為：「您真是觀察入微！」

而且，人本來就是愛聽好聽話的生物，因此就算你說得心虛又尷尬，對方也會認真傾聽你的話。

「好，我知道人愛聽客套話，可是產品簡報呢？如果對方只願意聽客套話卻不聽我介紹產品，有什麼用啊！」

不用擔心！當對方被客套話捧得飄飄然的時候，就已經中招了。你讚美的對象，會認定你是個「觀察入微」「講話中肯」的人。畢竟，如果否定你對他的讚美，認為你「口拙」「表達能力差」，不就等於將自己好不容易被捧得高高的自尊心往下踩嗎？沒有人願意這樣吧。

假設你講的話很難懂，聽者也會下意識絞盡腦汁努力理解，好說服自己「你講的話淺顯易懂」。

除此之外，人也比較願意傾聽喜歡的人講的話。只要你給予對方百分百的肯定，對方自然會對你有好感，當然會認真聽你說話。說到底，溝通就是看人緣啦。

反過來想，應該就好懂多了吧。如果有人整天否定別人、傷害別人，那麼即使他講了公道話，大家也不願意認同他的論點吧？這點，請務必銘記在心。

倍。

與人溝通時，「毫無根據的客套話」比理性發言更能使人信服，而且強上一百

再重申一次，讚美的內容可以隨便胡謅。受到稱讚的人為了維護你讚美的正當性，會不惜竄改記憶，把你說的話當成「中肯的公道話」。

“將「心機」昇華，你就能變成「真正的好人」

如果本章在這裡結束，大家一定覺得我心機很重，所以我必須補充一點來挽救我的形象。

若你能持之以恆地讚美別人（即使只是客套話），就能養成下意識發掘別人優點的習慣。久而久之，你就能看到別人身上許多「真正的優點」，再也不需要講客套話了。

前面所提的「隨便瞎扯也行，反正先讚美再說」，只是為了降低門檻，讓大家樂於嘗試。跟「隨便讚美」比起來，「真心讚美」當然比較有效。

能真心讚美別人的人，並不是心機重，而是真正的好人。

我有一個有趣的體悟，那就是：將「心機」昇華，你就能變成真正的好人。

在此，我要分享一句我很喜歡的話。

Fake it, till you make it.

（弄假直到成真。）

客套話並不是欺騙，請將它想成一種讓對方開心的「招待方式」。不要為了取笑別人而隨便讚美，請記得：在日常中活用客套話，是為了練習發掘別人真正的優點。

讓你一秒變成讚美大師！

“最有效的讚美方式是「反擊」

有些人可能覺得：

「我知道讚美很有用，但不知道該如何讚美啊。」

「踏出第一步好難喔。」

不用怕！接下來，我要介紹三句每個人用都有效的讚美詞，此言一出，必定讓人對你留下好印象！

不過，我有一項請求。如果你曾經見過我、或是日後遇見了我，請不要認為我說那三句話「只是在敷衍你」喔（笑）。

- 天才！
- 你好聰明喔！
- 你一定會成功的！

這三句話真的很好用，堪稱滿足了全世界人類的自尊心。

如果對方聽了不認同，也沒有關係。假設你說：「你好聰明喔！」對方反駁：「哪有，我很笨耶。學校成績也很爛。」其實反而是好機會呢！

「這跟學校成績又沒有關係。跟你聊天的過程中，我發覺你很聰明，而且我從以前就這麼想了。」

如此這般，這就像拳擊的反擊，比一般讚美更有效、更能讓對方聽得飄飄然。我敢保證，對方一定會認為：「原來他看到我不為人知的一面！」「我真拿他沒轍啊。」

就算你真的覺得對方很笨，還是要說：「我就知道你是天才！」這絕不是在挖苦對方。你覺得對方笨，是因為對方的行為超出你的理解範圍；說不定那個人真的是天才，只是你沒察覺而已。

假設對方真的是笨蛋，你當著笨蛋的面說他笨，也只是惹人厭而已。沒有人會因為你瞧不起別人，就覺得你「真是好聰明、好棒喔」。

如果公司的後進捅出超級大婁子，（就算違背良心也要）對他說：「你是要做大事的人，將來一定會成功的！」

“畢馬龍效應

你是不是認為：「這樣會把菜鳥寵壞！」其實正好相反。

各位聽過畢馬龍效應（Pygmalion effect）嗎？

畢馬龍是希臘神話中的賽普勒斯國王，他既是一國之君，也是雕刻大師。有一天，他愛上自己用象牙刻成的女子雕像，不禁心想：「若她是真人，不知該有多好！」愛神阿芙羅黛蒂於心不忍，便賜予雕像生命，使之變成人類。

後人從這則神話衍生出畢馬龍效應，意思是「高期望會得到好結果」。畢馬龍效應並不是單純的迷信，而是經過心理學家羅伯．森塔爾（Robert Rosenthal）[1]驗證過的心理現象。

實驗將某所學校的學生隨機分成A、B兩組，並對老師謊稱：「A組的學生都是比較聰明的學生。」後來，隨機組成的A組學生，成績的進步幅度真的超過了B組。

羅森塔爾的論文表示，學生成績提升，可能是因為：①班導對學生懷抱高期望；②學生知道老師很看好自己。

關於畢馬龍效應，有些學者批評：「將期望強加在對方身上，只會引來反效果。」不過，「只要該期望不損及對方的主體性，便能得到更好的表現」。

換句話說，對公司後進或下屬的期望只要別高到讓他們「想擺爛」，便可能得到更好的表現。

1 一九三三—，美國加州大學社會心理學家。主要領域是自我應驗預言，尤其對畢馬龍效應有諸多研究。

附帶一提，說得極端一點，就是「吹捧豬一下，豬也會爬樹」。[2]

其實上述那句話跟畢馬龍效應是差不多的意思，但傳授組織管理之道時，用畢馬龍效應來舉例，大家比較聽得進去。

“「讚美會把人寵壞」？胡說！

好了，言歸正傳。

如果公司的後進捅婁子，就算違背良心，你也要對他說：「你是要做大事的人，將來一定會成功的！」

當然，若當事者不知道自己犯錯，就告訴他錯在哪裡；如果他知錯，就不需要責備。其實，人不需要責備就會自我反省，下屬比主管或前輩想像中更會檢討自己。

你是不是認為：「哪有，我底下的人怎麼看都沒在反省啊！」請放心，跟你有同樣想法的人，肯定占大多數。以前在傳直銷圈時，我也好幾次認為「這個人根本沒在反省嘛」。

然而，事情從來不曾因為責罵而得到改善。罵人確實有短暫的效果，但馬上就故態復萌，接著我又罵人……如此反覆循環，會破壞主管跟下屬之間的關係。

「你搞什麼啊！這點小事也不會？」這種話會嚴重打擊後進的自尊，說不定日後再也振作不起來。可以肯定的是：他一定會討厭你。

「生氣」很簡單，連幼兒園小孩都會生氣，但生氣很少解決事情。如果解決事情這麼容易，大家就不用傷腦筋了。

2　豚をおだてりゃ木に登る，日本諺語，意思是無能的人一經吹捧，也能創造超乎預期的成果。

反之，對犯錯者寄予期望並不容易，但以長遠的眼光看來，是一筆有效的投資。主管與前輩該做的，就是鼓勵後進從失敗中爬起來，將目標放在下一次的成功。

如果你願意對後進說一句：「你一定會成功！」他就會喜歡你這位前輩，說不定還會崇拜你的大將之風喔。「為了這位可敬的前輩，下次我絕對不會犯低級錯誤！」說不定他會對自己產生信心，日後真的出人頭地，屆時他還會感謝你這位恩人呢。

沒有人會被讚美寵壞。就算真的有，也是因為讚美者的態度有問題，或是其他指導出了差錯。我認為說出「讚美會把人寵壞」這種話的人，其實只是缺乏讚美他人的氣度，為自己缺乏耐心找藉口罷了。

在此，我要與各位分享自己在人生中學到的教訓。

講話不經大腦，會惹人厭。

讚美不經大腦，會惹人愛。

一句話就能博得好感的「反差式讚美」

人人都喜歡被讚美，因此隨便讚美也有效。不過，既然要讚美，何不選擇更有效的方式呢？

尤其日本人很不擅長稱讚別人，因此或許有人絞盡腦汁，就是不知道該如何讚美人。

在此，我要推薦有上述煩惱的你一劑特效藥，那就是「反差式讚美」。

反差式讚美不是要你「讚美對方的反差」，而是「用反差式的態度讚美人」。

你必須在讚美時展現反差。

假設主管在指導下屬時問道：「你對這部分有什麼想法？」而下屬也提出自己的看法。在主管眼中看來，下屬的點子可能並不高明，他或許也心知肚明，卻還是鼓起勇氣說出口。而我們，就要反過來利用這點。

「呃……我的看法是……」

下屬說完後，我們先略顯為難地停頓三秒。

這三秒鐘之間，下屬一定忐忑不安，暗想：「糟糕，主管是不是生氣了？」接著，請說出這句話。

「……（三秒）……你頭腦真好。」

會心一擊！剎那間，下屬對你的好感度會瞬間暴增，成為你忠實的僕人。這

「反差式讚美」

說法有點誇大啦，但好感度會急速上升，這是無庸置疑的。

讚美時故意裝出有點生氣的樣子，更能營造絕妙的反差感。

這就跟鐘擺一樣，想要鐘擺大幅晃動，就必須先將它高高拉到另一端。請看以下的例子。

朋友Ａ：「欸，這一題要怎麼解？」

朋友Ｂ：「這樣解啊。」

朋友Ａ：「太好懂了吧！你這個天才！」

聽起來還不賴吧？

我們再來看看另一個例子。

女性：「（一臉嚴肅）欸，你過來一下。」

男性：「呃……怎怎怎麼了。（劈腿被發現了嗎？）」
女性：「你今天好像有點帥耶。」
一句話就讓你暈爆。
題外話，很多人聽到這樣的讚美時，應對方式都很拙劣。日本人不僅不擅長讚美人，也不擅長接受讚美。

女性：「你今天好像有點帥耶。」
男性：「咦，沒、沒有啦（害羞）。（咦？我今天很帥嗎？）」
女性：「（這傢伙也太好拐了。）」
事情就會變成這樣。當女性稱讚你「好帥」時，就坦率接受別人的讚美吧。

“戀愛系YouTuber教你「如何應對讚美」

附帶一提，我為了本書的男性讀者，特地向我朋友——戀愛系YouTuber世良Satoshi請教：當女性讚美「你好帥」時，該如何回應才夠帥？以下，我將介紹世良先生常用的五種絕妙佳句。

女性：「你好帥喔。」

①「謝謝妳，跟我結婚吧。」
②「看妳嘴巴這麼甜，請妳吃一萬日圓的大餐好了（開玩笑的語氣）。」
③「我好開心喔。妳很壞耶，害我心動了一下（笑）。謝謝妳。」
④「謝謝妳，妳的讚美讓我好開心喔，再多稱讚一點！還有嗎？（笑）」

⑤「妳的讚美讓我好開心，謝謝妳。我也要稱讚妳！妳想聽哪方面的讚美？（笑）」

請把握三項重點。

- 使用對方絕對沒聽過的句子。
- 說話時要理直氣壯。即使對方一臉納悶，也要面不改色。
- 使用語帶曖昧的詞（心動、結婚、你好壞喔）。

只要掌握這三點，就能使對方將自己歸類為「可曖昧的對象」，使對方記得你。戀愛，就是一種洗腦啊。

言歸正傳。除了反差式讚美，也不妨試試看系出同源的「反差式憤怒」。

比如說，如果橫眉豎目（或是一臉嚴肅）地說出「很蠢耶」「好了啦」，就會變得像罵人；然而，要是笑著說出來，就很像玩笑或吐嘈。

笑容能去除嚴厲言詞的稜角，使人比較聽得進去。我要對客户講重話時，經常使出這招。

「連這點小錢都不願意投資在自己身上，還談什麼出人頭地呀？」一派輕鬆地笑著說這句話，就是一則成功的說服案例；但若是板著臉說出口，客人會覺得你在罵他，那就太過火囉。

99%的人都喜歡聽的最強話題

「我知道先讚美就贏了，可是讚美後，卻不知道該說什麼。」

你是不是也有上述煩惱呢？先用讚美炒熱氣氛，接著再進入正題……基本上是這樣沒錯啦，但有時候在進入正題前，也必須留一點閒聊時間。

這段時間，若用來聊一些太專業或是對方沒興趣的話題，那就太可惜了。客套話能使對方對你產生好感，但這好感可不是永恆不變的。既然要聊，當然得聊些能持續吸引對方注意力的話題。

可是，我又不知道對方喜歡聊什麼，怎麼辦？在此，我要告訴各位，什麼是

「超過九十九%的人都喜歡聽的話題」！

那就是跟自己有關的事。

打個比方，以前流行過一種推銷詐欺手法，就是在路上對路人說：「我免費幫你看手相。」這種手法，其實是很合乎邏輯的。

因為幫對方看手相，就能吸引對方停下腳步，聽你講解命運了。幾乎沒有人對自己的命運不感興趣，因此人們會抱著「反正免費，不聽白不聽」的心態，留下來聽陌生人說話。

或許是因為詐騙過於猖獗，現在突然對路人說「我要幫你看手相」，對方肯定避之唯恐不及。不過，除了手相之外，多了解一些占卜知識，日後也是能派上用場的。

很多人嘴上說對占卜不感興趣，但提到自己的未來運勢，還是會「先聽聽看再說」。

不過，談生意的時候，並不是每個對象都適合聊占卜。這種時候，就從對方的工作、興趣、服裝來挑選話題吧。

如果你特別想博得某個對象的好感，建議你事先調查他的相關資訊，效果很好唷。除了聊些對方感興趣的話題之外，讓對方知道你對他了解多少，也能拉近你倆之間的距離。

很多人在這部分弄巧成拙，請多加注意。為了讓對方喜歡自己，許多人開口就聊自己聊個沒完，巴不得對方多了解自己一點。

這是錯的！而有些人或許是害羞，或許是拉不下臉，明明了解對方，卻擺出一副「是喔，我不知道耶」的樣子，真是太可惜了。

請不要忘記：人類這種生物，對自己比對他人更有興趣。人們不想知道「你是誰」，比較想知道「在你眼中，我是什麼模樣」。

惡魔級的話術：「創造認同的反炫耀」

與其急著介紹自己的祖宗十八代，不如先表明自己知道對方的哪些資訊，比較容易使人卸下心防，進而對你產生興趣。而且，主動聊起跟對方有關的事情，自然能挑起對方的談話興致。

例如以下的句子，就很適合用來作為開場白。

「聽說您在彈鋼琴呀？我小時候也學過鋼琴，可是很快就放棄了，而您居然能堅持不懈十五年，真是令人敬佩。您都彈哪些曲子？」

如果將鋼琴換成高爾夫的話……

「您習慣打高爾夫吧？我以前也會去高爾夫練習場，可是根本打不出去。您都用什麼方法精進球技呢？」

而如果是潛水，大概就像這樣。

「聽說您有潛水證照耶！以前我也潛水過，當時覺得超感動的，可是我沒有證照。證照會不會很難考呀？」

祕訣就是：告訴對方「我知道你的嗜好是什麼，我以前也嘗試過，可是跟你比起來還差遠了，請告訴我該如何改進」。

有些敏銳的人可能已經發現了……講出來可能會大幅損害形象，但既然說好要在本書揭露所有超實用禁忌絕招，我還是說吧。

老實說，就算你從來沒打過高爾夫、彈過鋼琴、潛過水，也可以使用「我以前也嘗試過」這句萬用句。

說謊當然不好，所以請各位廣泛體驗各種活動，就不必擔心缺話題了！不過我敢說，這世上的業務員、玩咖跟騙徒，一定有人擅長此道，為達目的不惜說謊。

※別看我這樣，我可是很討厭說謊的，所以大多數人喜歡的休閒活動，我多半涉獵一二，不致於在用這招時說謊。不過，一定有一些堅信人性本惡的讀者認為：「最好是啦，這傢伙肯定會說謊的！」（唉）

就算不以道德面來批判「說謊」，論起實用性，聊起真實體驗過的事物當然比較有真實感，也容易延伸話題。因此，建議各位還是實際體驗看看高爾夫、潛水這類受歡迎的活動，日後必有助益。

此外，如果你真的想博取某個人的好感，與其在第一次見面時用這招，不如先記下對方在第一次見面時提到的嗜好，接著在第二次見面前實際體驗看看，效果絕佳唷。

「前幾天聽您提到高爾夫，所以我也嘗試了一下，卻怎麼打也打不出去……」

此言一出，對方肯定迫不及待想好好指導你一番。

這招有兩個優點。

①擁有相同的興趣，有助於拉近距離。

②讓對方開開心心地炫耀自己。

重要的是②。

創造認同的反炫耀

主管
你
我週末去打
高爾夫。
哇！
您打高爾夫呀？
我也很喜歡高爾夫，
您用過卡拉威的
最新木桿了嗎？
手感很讚喔。
對了，還有鐵桿也……

千萬不要秀知識來炫耀自己

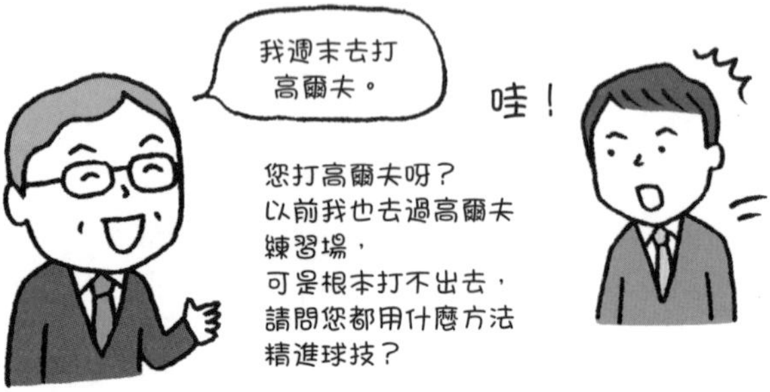
我週末去打
高爾夫。
哇！
您打高爾夫呀？
以前我也去過高爾夫
練習場，
可是根本打不出去，
請問您都用什麼方法
精進球技？

一句話就能創造認同感，將炫耀的機會讓給對方！

能針對自己的興趣大肆炫耀一番，誰不感到開心？這招簡直是惡魔級絕招，不僅表達出自己與對方有共通興趣（至少你對他的興趣有興趣），更為對方打造了炫耀自己的舞臺，可說是貨真價實的不敗萬用句。

「面對第一次見面的人，你應該這樣說

不過，有時就是沒辦法事先調查對方的興趣，此時可藉由簡單的閒聊旁敲側擊，如果你覺得很難的話……

我為你準備了兩個法子。

一，先從對方的外表來找話題。說到興趣，不外乎就是旅行、閱讀、潛水、高爾夫、美食等五大項目（這五項可以涵蓋世界上大多數人），而外表也是如此。

只要掌握兩、三項要點，就能應付大多數的人。

假設你常常遇到穿西裝的人，就能事先針對領帶與西裝調查一番。

不過，別忘了，話題的主角依然是對方。千萬不要炫耀知識，最重要的永遠是如何讓對方開開心心地炫耀自己。

就算你對領帶的知識增加了，也千萬不能說什麼「這種圖案應該打這種結比較好……」

「這條領帶的品牌是△△吧？繫這種領帶的人很少，所以我一看就知道了。您品味真好，平常都在哪裡買衣服呢？」

如此這般，請讓對方成為話題的主角。

除此之外，手錶、衣服的顏色、優衣庫等知名品牌的產品，也非常適合成為共通話題。

• 手錶

「這支錶是○○吧？不瞞您說，我心底一直希望哪天能戴上它呢。您喜歡手錶嗎？」

• 衣服的顏色

「您選了綠色作為對比色，品味真是太棒了！哪像我，每次都穿類似的衣服……該怎麼做，品味才能跟您一樣好呢？」

• 優衣庫之類的知名品牌

「請問這件是在哪裡買的？（如果問：「這是優衣庫的衣服吧？」結果對方穿的是高級品牌，豈不是很沒禮貌？所以就算你知道那是優衣庫，還是要問一下牌子。）」

「（對方回答：「是優衣庫呀。」）真的嗎！我以為是超貴的名牌呢！能把優衣庫穿得帥氣的人，才是最時尚的人！請問該怎麼買衣服，才能穿得時尚呢？」

請你試著從這幾點著手來找話題，應該能順利展開一場以「對方」為主題的對談。從字面上看來，這些話簡直是客套到極點，不過用來當作溝通的引子也夠用了。

而除了聊外表，另一招就是使出萬用話題。有一些話題非常萬用，此招一出，十個人裡會有八、九個人對此感興趣。

像我，就很常使用心理學話題。了解人類的心理，就能了解自己，進而滿足人類「希望受歡迎、希望受關注」的深層渴望，所以很多人都聽得津津有味。

不過，若是只有你自己很了解那項主題，很容易淪為個人的演講秀，請務必小心。

不要自己說個不停，請你想想：「我應該滔滔不絕地長篇大論，還是應該表達自己了解對方的哪些面向，才能拉近與他的距離？」談話中有來有往，才能彼此聊得盡興。

第四章

第一次操控人心就上手，這樣「表達」就對了！

說出「魔法咒語」，讓人一秒聽懂你的話！

從這一章開始，我會傳授各位「表達（該說什麼、怎麼說）」的技巧。

很幸運地，曾有人稱讚我「說話很好懂」。而我能得到這項評價，最大的原因就是我經常將某句「魔法咒語」掛在嘴上。

我要傳授各位這句必殺大絕招，只要加上這一句，任誰都能聽懂你的話！從今天起就學起來，任誰都能發揮絕佳效果。

準備好了嗎？我要說囉。

「簡單說來，就像○○。」

「簡單說來，就像○○。」

「簡單說來，就像○○。」

這句太重要，所以我要說三次。一定要記住這句話！

如果你希望學會「將話講得簡單易懂」，論實用性，這句話的價值就跟其他資訊一樣重要。「你也太常講『一定要記住這個、一定要記住那個』了吧？」你有空吐嘈我，還不如趕快背起來。

書裡有太多「一定要記住」的部分，這並不是我用詞過於浮誇，而是因為我決定將所有「一招就能大幅改善溝通能力」的技巧都寫進書中，所以必然會變成這樣。

偷偷告訴你，本書的另一個隱藏目的，就是讓你學得比想像中還多！

說不定你拿起本書，只是想讓「口才變得稍微好一點」，不料讀完後，「不知不覺中卻變成舌燦蓮花的洗腦大師」——這就是我創作本書的目的。

簡單說來，就像你去健身房只是想稍微運動一下，卻不知不覺間被我鍛鍊成奧運選手。

如上所述，這就是「簡單說來，就像○○」的範例。既然看過範例了，接下來我要說明這句話究竟強在哪裡。

首先，「簡單說來」能帶給對方暗示。

一旦說了「簡單說來」，聽者就會下意識認為「他接下來要說很好懂的話，所以我非聽懂不可」。

「哪有那麼簡單！」你可能會覺得納悶，但其實洗腦就是多種簡單技巧層層堆疊的結果。人，很輕易就會接受暗示。

後面那句「就像◯◯」也不容小覷。加上「就像」兩字，即使聽者無法正確理解，也會覺得「好像」懂了，進而將「好像懂了」混淆成「我完全懂了」。

如果你還不放心，請在「簡單說來，就像◯◯」後面加上「大致上懂了吧？」。

聽到「大致上懂了吧？」，九十九％的人即使聽不大懂，也會回答：「我好像懂了」。

沒有人希望被當成笨蛋。聽到對方說「簡單說來是如何如何」，又被問一句「大致上懂了吧」，很少人能鼓起勇氣說：「不，我一點都聽不懂。」

因此，人才會在無意間說謊。他們不是對你說謊，而是對自己說謊。即使聽不大懂，也會說服自己「我好像大致上懂了」，不懂裝懂。

在保險與金融產品業界，越是惡質的業務，越愛用這種手法。故意秀一些艱深的術語，講一些外行人聽不懂的話，最後靠一句「大致上懂了吧？」來敷衍客人、迴避對自己不利的問題，假裝已盡了解釋的義務。

「這項保險產品，簡單說來就像『高利率的銀行存款』。大致上懂了吧？」

聽到這種話，請務必提高警覺。世界上沒有白吃的午餐，哪可能有類似「高利率銀行存款」的金融產品，肯定有風險；但是聽到「就像」兩字，人就會認為這是完美的絕佳產品，說來真不可思議。

這句「大致上懂了吧？」也是超好用的魔法咒語，請務必背起來。說穿了，與其學什麼「邏輯說話術」或「歸納說話重點的公式」，還不如背這個魔法咒語，簡單又好用。

那些邏輯說話術或〇〇公式，難道你不曾遇過「看書時都看得懂，實際運用卻很困難」的情形嗎？

這也是因為你將「大致上懂了」誤認為「我完全懂了」，才會無法學以致用。

將這句「大致上懂了吧？」背起來，比學「邏輯說話術」簡單好用一百倍。

改寫腦內資訊的話術

還記得我在第二章所介紹的「麥拉賓法則」嗎？來複習一下吧！

- 語言訊息　7％
- 聽覺訊息　38％
- 視覺訊息　55％

排序如上。我曾經說過視覺訊息比語言重要，「如果書籍要傳達視覺訊息，關鍵就在於插圖與譬喻」。其實，這招不只能用在書籍上，只要在談話中善用譬喻，就能使聽者的腦海浮現影像（視覺訊息）。

「譬喻」就是這麼重要。如果有人認為譬喻只不過是「紅豆麵包表層的芝麻」，請你改正想法。譬喻有多重要？就像紅豆麵包中的麵包那麼重要。

平常固定收看我頻道的觀眾，應該知道我幾乎每集都會使用譬喻吧？本書也用了許多譬喻，而且絕不是為了騙字數。

我使用譬喻，是為了將知識烙印到各位腦海裡，幫助各位在生活中靈活運用，以防各位閱畢後「好像學到了什麼，卻什麼都回想不起來」。主要目的有三項：

① 使內容淺顯易懂，幫助讀者深入理解。
② 加深記憶。
③ 單純希望各位能讀得愉快。

我想，大家應該能理解①「使內容淺顯易懂，幫助讀者深入理解」的效用。

無論是運動或音樂，優秀的指導者都會在教學中善用譬喻。

就拿吹奏樂器來說吧，教導吹奏樂器的吹法時，以下哪種說法最佳？A：「請保持腹壓。」；B：「腹部用力，不要放鬆。」；C：「咳嗽看看。有沒有感覺到剛剛腹部出力了？保持腹部用力的狀態吹奏看看。」同樣的教法，說法不同，學生的吸收程度將大大不同。

善用譬喻，聽者的理解程度將截然不同。

另一項重點，就是②「加深記憶」。其實，「麥拉賓法則」也可套用在學習效率上。

視覺訊息＞聽覺訊息＞語言訊息

視覺訊息最容易停留在記憶中，聽覺次之，最後才是語言。

“旋律大於語言，影像大於旋律

在此離題一下，請各位回想一下小時候的流行歌曲。什麼曲子都可以。如果你跟我同年代，腦中應該會浮現「橘子新樂園」或「早安少女組」的歌。接著，請你挑出三首該位歌手的歌，唱出聲看看。

看到我這麼說，應該沒有人是「旋律忘記了，但歌詞記得很清楚」，而是恰好相反，很多人都是「歌詞忘記了，但旋律還記得，所以可以哼出聲」吧？

旋律比語言更容易殘留在腦海中。

而說到視覺訊息，就更厲害了。

假設你翻開一本十年前讀過的書，應該要花上一點時間，才會察覺已經讀過了吧？說不定直到翻開最後一頁，都不會察覺有異呢。

但若是換成繪畫呢？

小時候稍微看過幾眼的畫作，長大後才花了幾秒就想起「這幅我看過！」，這樣的人應該為數不少。人們會忘記名言佳句，卻很少人會忘記名畫《蒙娜麗莎》。

話說回來，你曾經仔細看過達文西的《蒙娜麗莎》嗎？除了學畫者，大多數人應該只在一生中看過幾分鐘《蒙娜麗莎》而已；而說到孟克（Edvard Munch）的《吶喊》（*Scream*），[1]說不定大多數人一生中才看過幾秒，但我們卻能一瞬間察覺：「啊！我看過這幅畫！」「我知道這幅畫！」

說真的，剛才各位一看到「蒙娜麗莎」跟「孟克」這幾個字，腦中就倏地浮現《蒙娜麗莎》跟《吶喊》的畫面了吧？

附帶一提，蒙娜麗莎（モナリザ）在日文中的正式寫法為「モナ・リザ」。（譯按：蒙娜的義大利語是Monna，是「我的女士」的意思，通常放在女性的名字前，所以蒙娜麗莎的意思是「麗莎夫人」。）

1 挪威語為Skrik，是挪威畫家愛德華・孟克在一八九三年的作品，是表現主義繪畫風格的代表作。

各位在美術課應該都學過，但是由於記住了「モナリザ」這幾個音，反而覺得「モナ・リザ」感覺怪怪的。語言訊息真的很不可靠呢。

因此，如果你想加強聽者對某件事的印象，務必加入譬喻，使聽者腦中浮現影像。

用投影片做簡報時，不要只使用文字，應善用圖片，來加強與會者對簡報的印象。

“如何將談話內容化為影像，烙印在聽者腦海？

準備考證照時，善用視覺訊息，能使學習效率事半功倍。背誦的時候，應該記的不是文字，而是圖像。

不過，我們並不需要把每項資訊都化成圖像。當然，擅長畫圖的人可以盡情作畫，但是把每項內容都圖像化，實在太花時間了。

對了，我的繪畫功力實在爛到匪夷所思，所以不可能畫圖。

那麼該怎麼做呢？在腦中想像即可。我尤其建議你想像一些跟主題有關的影像，比較容易留下印象。

我們來實際試試看吧！我要將你一輩子百分百用不到、平常一聽即忘的知識，烙印在你腦中一輩子。

各位知道阿姆斯壯砲這種大砲嗎？

或許有人聽過這名字。此名頗具衝擊力，所以一旦聽過，應該就很難忘懷了。

阿姆斯壯砲是英國所開發的武器，在日本幕末時代叱吒一時。佐賀藩[2]曾嘗試製造，但由於構造太複雜，無法複製，因此失敗收場。

「阿姆斯壯砲產自英國，用於日本幕末時代，佐賀藩想製造卻失敗了。」這應該是你一輩子都用不到的知識吧？我也是剛剛查維基百科才知道的，八成明天就忘記了。

我要將這項資訊烙印在你腦海裡。

請你想像一下。首先是阿姆斯壯（Armstrong），請想像一個Arm很strong的人，也就是手臂很粗壯的人。它產自英國，所以是英國人。請千萬不要弄錯成美國人唷。我這個人一提到英國就想到《哈利波特》（*Harry Potter*），所以就稱他為哈利吧。

「《哈利波特》是好萊塢電影，很容易記成美國耶。」如果你這麼想，那麼就想成柴契爾夫人或伊莉莎白女王，誰都可以，反正只要是手臂很粗壯的英國人就好。不然我們折衷一下，選妙麗[3]吧。讓我們想像一個「不靠魔法也能一拳打爆佛地魔」、[4]手臂比海格[5]還粗壯的妙麗。

接下來，請你想像「這東西用於日本幕末，佐賀藩想製造卻失敗了」是什麼景象。說到佐賀，大家第一個想到的就是搞笑藝人塙尚輝吧？你一定聽過

2 日本江戶時代的一個藩屬地，在幕末時期積極發展西洋工業。

3 妙麗・葛蘭（Hermione Granger），是英國作家J・K・羅琳的奇幻小說《哈利波特》系列中的虛構登場人物。劇中經常利用其機智靈巧和百科全書式的知識在危急情況下化險為夷。

4 佛地魔（Lord Voldemort）是英國作家J・K・羅琳所著的奇幻小說《哈利波特》系列中的虛構角色，是主要的反派角色，在故事中被稱為「史上最危險的黑巫師」。

5 魯霸・海格（Rubeus Hagrid）也是《哈利波特》中的人物。他在《神祕的魔法石》裡登場，被介紹為半巨人，身型粗壯。

「SAGA佐賀！」這首歌。這位塙尚輝先生想製造阿姆斯壯砲，所以手臂很粗壯——但是製造失敗，所以只有一隻手很壯。讓我們想像一個一隻手很壯、另一隻手瘦巴巴的塙尚輝。

最後必須加上「幕末」的元素，那就來一場爆炸吧。只要發音像，就很容易回想起來了。（譯按：「幕末」的日文發音與「爆炸」相似。）

好，我們來整理一下情境吧。雙手都很粗壯的妙麗，正在跟只有單手很壯的塙尚輝比腕力。塙尚輝的肉體改造失敗了，所以不知道怎麼搞的，他用瘦巴巴的那隻手應戰，結果輸得慘兮兮（為什麼要選那隻手應戰……？）。然後兩人背後發生一場爆炸。

恭喜你！你已經是全日本最了解阿姆斯壯砲的1％日本人了！

從今天起，你只要看到艾瑪·華森（飾演妙麗的演員），腦中就會浮現「阿姆斯壯砲」與「塙尚輝」。如果你怕自己很快就忘記，不妨將兩者的手臂想像得更粗壯，以增強印象。

……我還是趁大家被玩笑激怒之前回歸正題吧。

成為「譬喻的魔法師」

還記得我們原本在談什麼嗎？請先忘記手臂超壯的妙麗吧（不過看到這幾個字，你應該又想起來了）。

我們前面提到，只要善用「譬喻」，就能在談話中成功傳達視覺訊息，在聽者腦中留下印象。

「可是，譬喻很難耶。」如果你有這樣的煩惱，我教你兩項訣竅。

第一步，先從自己熟悉的領域找靈感。待習慣之後，有時腦中會突然靈光一閃，連自己都不知道為何想得出如此巧妙的譬喻！不過在那之前，就只能先從熟悉的領域找靈感。

畢竟是剛起步，只要是自己熟悉的領域，不管用什麼來譬喻都可以，請多方嘗試。喜歡棒球的人就盡量用棒球來譬喻，對方聽不懂也沒關係，反正先習慣就對了。

「四棒居然換代打！」「你把四壞打成全壘打耶！」這些譬喻，即使是不懂棒球的人，也能聽懂你的意思。

不過，在習慣譬喻之前，也有可能講出只有打過棒球的人才能懂的專業術語（像是「這就像飛撲去接內野高飛球，結果受傷一樣嘛！」）。

內行人聽了會覺得格外好笑，而外行人也會笑著說：「很難懂耶！」或是「什麼意思啊？（笑）」，因而拓展話題呢。

先從熟悉的領域找靈感，習慣後就能逐漸拓展至其他領域，甚至有可能越說越順口，不需要多想就能脫口而出。你就像一個剛開始練曲球的投手，起初得盯著球的縫線才能握球，但是投久了，你終究能不需看球就自動出手。

接下來，我要傳授兩句有助於練習「譬喻」的好句型。

①說到○○，就是……

②就像○○一樣

養成使用上述句型的習慣，能幫助你更順利地善用譬喻。請看以下的範例，以及不同對象的因應之道。

①說到○○，就是……

・說到部長這個人啊，他就是《哈利波特》裡面的佛地魔嘛。

・說到部長這個人啊，他就是《哈利波特》裡面那個附身在奎若教授身上的佛地魔嘛。

後者的描述更加詳細。如果談話對象很熟悉《哈利波特》，就可以多添加一些描述，將部長從「很恐怖的人」轉變為「很恐怖，但是不依賴別人就活不下去的人」，增添趣味性。

②就像○○一樣

● A是我們的王牌，就像四棒一樣。

• A就像PL學園時代的前田健太[6]一樣。

後者提出了「王牌四棒」具體案例。如果談話對象很熟悉高中棒球，提出具體的案例，更是效果絕佳。

6 一九八八－，是日本職業棒球選手，守備位置為投手，目前效力於美國底特律老虎隊。

善用「譬喻」的好處

假設你在指導新人業務員……

想菜色	準備材料	處理材料	烹調
=	=	=	=
業務企劃	準備資訊、資料	事前預約、排時間	跑業務，與客戶見面

從自己熟悉的領域找靈感，
比較容易讓對方一聽就懂喔！

「You」只能是「你」

在此離題一下，你在國中英文課學到「You」時，是否曾因為它同時包含「你／你們」兩個含意，而感到疑惑？

我當時覺得怪怪的。「這樣我哪知道對象是一個人還是一群人？英文也太麻煩了吧！」當年我幼小的心靈，硬生生體驗到了語言的隔閡。不過，這個「You」，正是為你增加談話魅力的關鍵。

人類對其他人沒有興趣。因此，聽到「你們（各位）」，就會覺得事不關己；

既然事不關己，就會對你說的話左耳進右耳出。人只對「說給你（自己）聽」的話有興趣。因此，「You」只能是「你」，談話對象必須是「你」，而不是「你們」。

即使談話對象是兩、三人或一群人，還是得盡量避免使用「各位」或「你們」。如果想換個詞，可以偶爾用個幾次，但還是必須以「你」為主，「你們」為輔。

不擅長說話的人，很容易在一對一的情況下也使用「你們」。

時間再度拉回國中時期。這次是社團活動。當時有沒有特別討人厭、對學弟妹特別囉唆的學長姊？那個人是不是都對「你」使用複數代名詞，比如「你們」、「一年級的」？

反之，受歡迎的老師不會說「你們」，而會說「A太、B男、C郎」，逐一喊學生的名字，對吧？

坦白說，還有一個比「你」更好的稱呼，那就是對方的名字。

人是一種對他人漠不關心的生物，反之只要與自己有關，耳朵可利得很呢。名字就像咒語，十分有效。

你是否也曾經在路上，隱約聽到有人喊自己的名字？

即使對方找的人不是你，但聽到跟自己同名同姓的名字，不知怎的，就是聽得特別清楚。

因為，「你的名字」在你耳中聽來，就是特別不一樣。

因此，假如對方只有一個人或少數人，請盡量喊名字；而面對不特定的多數人，也不要使用「你們」或「各位」，而是使用「你」。

如果每次都講「你」會覺得怪怪的，請在關鍵時刻看著某個人的眼睛，試著使用「你」。聽眾肯定會嚇一跳，才沒空去想到底奇怪不奇怪呢。

突破心防的魔法說話術

“避免把話說死，才能誘導對方的心

接下來，我要傳授一招當年做業務時常用的技巧。這招運用了精神控制（Mind Control）的原理，可說是超級作弊的絕招！

精神控制者會避開使人產生心理抗拒的詞，以便操控他人。

基本上，人都有自己的想法，一聽到那些要求自己改變的詞，心中就會警鈴大響。不過，只要稍微改變說法，就能突破對方的心防。

該怎麼做呢？那就是避免把話說死，多留一點解讀空間。

很多人在這部分都做反了，請多加注意。人一旦想說服對方、要求對方照著自己的意思做，就會不自覺說重話。但這只會換來反效果！人類這種生物，就是別人命令你往東，你就偏愛往西。

打個比方，假如有人說：「我勸你趕快辭掉現在的工作！」即便是平常很愛抱怨公司、成天把「想辭職」掛在嘴上的人，也會暗想：「什麼鬼！你懂個屁！」反而不想辭職了。

然而，如果換個說法呢？「或許你辭掉現在的工作比較好……」對方聽了，反而會認為：「呃，你也這麼覺得喲……」「再這樣下去，好像不大妙耶……」

這一招，也能用來鼓勵對方做某件事。如果說：「你一定會成功的！」對方反而會覺得：「哪有那麼容易啊！」「好像怪怪的耶。」不過，若是改說：「說不定你會功成名就喔……」對方就會開始想像美好的未來，暗想：「是這樣嗎……」「真希望能成功……」

把這招學起來，日後只要不著痕跡地給點暗示，就能隨心所欲地誘導別人。不，我更正一下。把這招學起來，或許你以後就能隨心所欲地誘導別人喔……

不僅如此，為自己的話留點解讀空間，也是為了留臺階給自己。很多主打熱情有活力的業務員，都喜歡興頭一來，就一口斷定：「絕對沒問題！」「這個超有效！」

這種說法容易觸犯藥機法，[7]也涉及不實告知，容易惹來一堆麻煩。

即使講話語帶保留，只要換個說法，也能讓你的語氣聽起來十分肯定。

將「成效好上十倍！」改說成「有望達成十倍成效！」「有如十倍成效！」，只要說話語氣充滿自信，聽者就會將之誤認為肯定句。

如此一來，就能突破對方的心防，進而見縫插針、直搗黃龍。

7 用來規範日本醫療藥物、醫療機器的法律。

如何讓人對你講的話產生興趣？

“這招學起來，一秒抓住聽眾注意力！

你是否曾經納悶，為什麼自己講話的時候，聽的人明顯心不在焉，甚至一臉厭煩？

如果你曾經站在眾人面前說話，可能都經歷過聽眾聽到睡著，或是整場低頭神遊的經驗。

老實說，長時間聽別人說話，比說話還辛苦。

除非你口才很好，否則很難讓聽眾專心聽你長篇大論。當然，本書讀到這兒，你學了那麼多技巧（例如將一律將「You」預設為「你」），已經比閱讀前更有機會吸引聽眾了。

不過，在本章節，我要傳授一招能夠高機率吸引聽眾的技巧。它超簡單、效果好，而且馬上就能派上用場。

只要加上一句話，就能抓住聽眾的注意力。

你認為是哪一句話？

是的。如你所見。你是不是一頭霧水？

答案就是「提出問題」。本章節的標題也用了這一招，或許已經有人發現了。

如果發話者一徑說話，聽眾很容易停止思考，導致對你的話左耳進右耳出。

要避免這種結果，只要提出問題，讓聽眾動動腦即可。

其實呢，聽眾動腦的次數越多，就越能集中注意力。

如果你對這段話感到醍醐灌頂，代表你從前都弄錯方向了，是不是？

你是不是曾經認為，「講話內容應該要簡單易懂」「不要讓聽眾有負擔」？

當然，簡單的詞彙，的確比複雜的詞彙好。

不少人一旦聽到艱深的用詞，腦袋就開始放空。關鍵在於：用詞簡單易懂的同時，也必須讓聽眾願意自發性地動腦。

簡單打個比方，就像出謎題給小學生猜一樣。

請使用每個人都能懂的詞彙，來讓人動腦思考。學生會在上課中打瞌睡，但是沒有學生會在猜謎時打瞌睡吧？

全世界最簡單的提問法

「原來如此！我懂了！可是，提問好難喔……」

你是不是也有上述困擾呢？

不用擔心！在此，我要傳授一句每個人都能用、超好用、而且只需要死背的句子。我又得說出那句話了——「請一定要記住這個。」

「你認為呢？」

「你認為呢？」這句話超萬用，它用在任何段落都不顯得奇怪。不，其實看起來不自然也沒差。你認為呢？

突然抛出一句「你認為呢？」，聽眾會暗想：「嗯？什麼？」「慘了，剛剛在發呆。我是不是漏聽什麼了？」，進而將注意力轉回發話者身上。

如前面章節所述，此時使用「你」而不是「你們」，更能降低觀眾忽略這句話的風險。

如果是一對一會議之類的雙向交流，請用對方的名字取代「你」。

當然，運用各種形式向聽眾提問，比一徑地問「你認為呢？」更能長久吸引聽眾。但如果你覺得很難，也可以先試著多多使用「你認為呢？」。聽眾的注意力，會明顯比你自顧自說話時好多了。

這招不只在簡報會議上有效，一對一對談也超有效，尤其是主管指導下屬時，更建議務必使用這招。

主管指導下屬時是抱著「我是為你好」的心態，但屬下心裡只想著：「好啦好啦，我知道啦。不用你說我也知道啦。能不能早點放我走？我早就該下班了耶。講半天，重點到底是什麼？」

基本上，這世上沒有人喜歡聽人訓話。

此時，不妨對下屬提問，問對方：「針對這點，你有什麼想法？」其實提問只是為了避免下屬聽到想睡，但是短短一句話卻效果絕佳，甚至能拉近彼此間的距離。

看起來做作也沒關係，請試著問下屬：「針對這點，你有什麼想法？」無論他的答案有多爛，也要稱讚：「這樣啊……你想得真周到。」千萬不要否定他（比如嗆他「你就是想法太天真……」），嗆人一時爽，職場變刑場。

你稱讚下屬，下屬就會開心。說來單純，但也很正常。你尊重下屬，下屬也會尊重你這個主管。

「你鬼扯什麼！下屬本來就應該捧主管！」在場有沒有老屁股想倚老賣老一番呀？你是一百年前的發霉藍紋起司嗎？

人人生而平等。下屬跟主管只是公司賦予的角色，人與人之間的立場是完全平等的。即使能用公司的規定限制下屬的行動，也無法干涉他的心。你無法強制下屬喜歡、或是討厭某件事物。

你知道主管跟下屬建立良好關係的關鍵是什麼嗎？答案就在本書裡喔。

正確答案是吹捧。

我很喜歡洗三溫暖，甚至認為「三溫暖是有益健康的合法毒品」，而吹捧也是一種會對人腦產生強烈影響的合法毒品。這種毒品沒有副作用，請盡情濫用喔。

不懂得留白，就是「白痴」

“如何百分百掌握留白時機

其實這招看影片比看書好懂，但我又不得不用文字說明……本章節要討論的技巧就是「留白」。

所謂的留白，就是談話途中的短暫沉默。藉由短暫沉默，能吸引觀眾的注意力、提高觀眾的集中力，使自己的話語在觀眾腦海中留下印象。如果你玩過射擊遊戲，應該了解我在說什麼——扣住扳機一段時間再發射，射出的子彈更有破壞力！

沉默的時間只需一至三秒，就能達到足夠的成效，不必學《猜謎$百萬富翁》[8]的三野文太，賣關子賣到廣告結束。

至於什麼時候要使用「留白」呢？只要習慣了就能抓到感覺，但在養成習慣之前，只要在以下兩種時機使用即可。

① 講重點之前

② 聽眾開始注意力渙散的時候

8 「クイズ$ミリオネア」，日本的有獎問答節目，主持人是三野文太。

①很好懂吧？在講重點之前，先短暫停頓兩秒再開口，就能大幅提高整場演講的氣氛！

至於②，你可能覺得很難判斷，但是沒關係！我有一招任誰能百分百活用的妙招！

聽眾別開視線時，就代表注意力開始渙散了。

讀到這兒，有沒有人大聲驚呼：

「呃，可是我做簡報的時候，大家從頭到尾都低頭看著資料耶！」

如果你就是那個人，我必須很遺憾地告訴你……

……（留白）……沒有人在聽你講話。

人無法一心多用。邊看資料邊聽簡報的人，腦中只有眼前的資料，至於簡報則是左耳進、右耳出。

如果要讓大家看資料，就在會議前先分發資料，或是中途暫停，讓大家有時間慢慢閱讀。當然，如果你講出什麼不該講的話，希望趕快轉移大家注意力的話，此時就是發資料的最佳時機！

言歸正傳。假設大家都專心看你做簡報，而不是看著手邊的資料，那麼，就在聽眾垂下眼、或是視線飄到其他地方時「留白」一下吧！

聽眾別開視線時，除了表示注意力渙散，也有可能是「希望能慢慢思考」。如果你忽視這些跡象，繼續自說自話，等於把聽眾晾在一邊，自然也沒人能了解你說的話。

如果你將觀眾晾在一邊，就會變成下述那種人。

有一種典型的無能業務員，就是連珠砲掃射型，也就是本書開頭提到的年輕時的我。

完全不顧慮聽者的感受，只會自說自話，最後問聽者：「你覺得如何？」對方也只會回：「聽起來不錯，但我要考慮一下。」

讓聽眾一步一步慢慢理解、接納，才能在最後得到豐碩的YES（成交）。在聽眾別開視線時留白一下，才能開啟聽眾理解的可能。

而聽眾別開視線時，究竟要留白多久呢？必須等聽眾再度集中注意力，或是思考完畢才行。

「我又不會讀心，哪知道聽眾腦袋裡在想什麼！」

不用擔心！只要掌握一項跡象，任誰都能百分百掌握時機！

當聽眾的視線回到你身上，就代表他再度集中注意力，或是已思考完畢了。聽眾別開視線就閉嘴，轉回視線就開口，就這樣。簡單到連小學生都辦得到。只要徹底學會這招，世界上的連珠砲掃射型業務員就會大幅減少了。

日文的「白痴（間抜け）」一詞，就是源自於「不會留白的人」。（譯按：原文為「間が取れない（抜けてしまっている）人」。）

「不會留白的人就是白痴」，這句口訣超好記，趕快記起來！

「一針見血」的犀利說話術

“「劍山與針」理論

很多口才不好、不知道自己在說什麼的人，經常在一句話裡塞入過多資訊。

請牢記「One sentence, one message」（一句話一項訊息），就能使你表達更流暢。

總之，千萬別妄想一口氣講完所有的話，文章基本上越短越好。

閱讀文章的時候，如果一句話長到跨越好多行，豈不是很難讀嗎？換成談話就更糟糕了。長篇大論會妨礙聽眾理解，難以傳達訊息。

接下來，我要講一項個人常用的譬喻，來幫助你記憶。

這項譬喻叫做「劍山與針」。劍山是花藝的道具，它是一種插了很多針的底座，能夠以針固定花莖。

如果將劍山放在掌心，會有什麼感覺？會痛吧？不過，只是有點刺痛而已，劍山上面那一大堆針，並不會深深刺入掌心。

那麼，如果劍山的針只剩下一根呢？不僅不容易固定花莖，而且若是放在掌心，就會刺入手掌裡。

同樣的道理，也能套用在談話中。我們形容深具震撼力的話語為「一針見血」，我不確定這句話的由來是否跟劍山有關，但原理是一樣的。

資訊越少，越能一針見血。

如果你想加強表達能力，總之就先去蕪存菁，把劍山變成一根針。塞入過多訊息的長篇大論，就像用力按壓劍山，想將劍山深深刺入某個東西一樣。這是行不通的。但是，將劍山變成一根根的針，就能輕易刺進去了。

曾經有人教我：「用PowerPoint做簡報資料時，一頁只能輸入一句話」。一般人常犯的錯誤，就是一頁確實只有一句話，卻沒有在一句話之內將內容講完。

過去我指導他人做簡報時，曾要求他們練習「在一頁的一句話之內將事情講完」。這項練習的目的，是讓主講者在每頁簡報都只放上一句重點；若能一句話講完一頁簡報的重點，原本一小時左右的簡報會議，只需要五至十分鐘就結束了。

將一小時的簡報會議去蕪存菁之後，五分鐘就能說完重點。你要利用剩餘的五十五分鐘，將五分鐘的精髓賦予血肉，使聽眾更能吸收簡報內容。

反之，若在一句話或一頁之內塞入過多訊息，只會適得其反。不僅無法用剩餘的五十五分鐘強化五分鐘簡報，使內容變得更加具體，反而容易花上五十五分鐘講半天，卻使聽眾更一頭霧水。別說是劍山，這簡直是鐵處女，對聽眾而言跟酷刑沒兩樣。

不擅長說話的人，請將一句話濃縮到越短越好。聽起來不大自然也沒關係，畢竟就算是一根生鏽的針，也比亮晶晶的銳利劍山更容易一針見血。

“學會這招，包你講話一針見血

具體說來，究竟該如何用短短一句話表達重點呢？「先從結論說起就沒問題了！」對啦，可是你若是辦得到，還需要傷腦筋嗎？當然，用簡短一句話講重點固然重要，實際做起來卻很難。

在此，我建議你寫成文章。將想法化為文字，就能慢慢回顧、修改。

如果能準備底稿，就試著將寫好的文章修改得短一點，然後再唸出來。底下的聽眾，一定會覺得「這個人講話真是簡潔易懂」。

不過，並不是每次都能事先準備底稿，對吧？

在此，我建議你寫日記，以練習長話短說。請用一句式短文寫下每天的日記，起初可能需要在事後修改，但只要每天持之以恆，就能逐漸習慣長話短說了。久而久之，你甚至能一下筆就寫出短文，而不需要修改。日記是自我成長的最佳工具，請務必養成寫日記的習慣唷。

不要在第一次約會使出大絕招

我在前面的章節說過「總之就先去蕪存菁，把劍山變成一根針」，其實這與戀愛技巧相當類似。約會的關鍵，在於讓對方「想跟你再多聊聊」「想再多見見你」，因此不能讓對方一次就摸透你。

戀愛小白很容易在第一次約會就亮出底牌，這就像在電玩遊戲《勇者鬥惡龍》的戰鬥中劈頭就使出瑪丹提（マダンテ），[9]導致在第二回合起無法使出任何

9　「瑪丹提」為電玩遊戲《勇者鬥惡龍》的攻擊咒語，這招會耗盡所有「MP」（魔力），給予敵方大量傷害。儘管這招很強，卻會使MP歸零，導致後續回合無法使用任何魔法，使用時機很難抓。

招式，很快就會慘遭逆轉、滅團。

不僅如此，如果一股腦釋出太多訊息，你的「優點」就會變得像劍山，無法刺入對方的心。瑪丹提對第一次約會的對象是無效的。一項個人特質比多項個人特質更醒目，過多的資訊量，只會讓對方疲乏，使戀情無疾而終。

假設對方真的很佛心，奇蹟般地願意跟你進行第二次約會呢？施放瑪丹提之後，你的ＭＰ已經歸零，沒招了。你的約會對象，肯定會很失望吧。當你使出瑪丹提的時候，就已經陷入困境了。

那麼，究竟該怎麼做呢？

很簡單，那就是藏招。別說瑪丹提了，第一回合連伊歐納曾（イオナズン）都不准用，使用巴依奇爾托（バイキルト）或福巴哈（フバーハ）[10]就好。上述

的譬喻，就是只有「知道的人才知道」的負面範例。

我來教你如何在約會中藏招。第一次約會請早點解散，千萬不要買什麼迪士尼樂園一日券，也不要超過下午六點才解散，那太久了。

如果時間很難縮短，我建議你們看電影。三小時的約會中有將近兩小時在看電影，因此實際溝通時間只有一小時。

如此一來，約會就能在快樂的氣氛中劃下句點，而且對方也會想再見到你。看看你省下了多少ＭＰ。

10 「伊歐納曾」為電玩遊戲《勇者鬥惡龍》的攻擊咒語，此招會產生大爆炸，給予敵方傷害。「巴依奇爾托」是提升攻擊力之意。「福巴哈」則為吐息攻擊減傷的意思。

這招不僅限於戀愛，也能用來建立各種人際關係。千萬不要為了展現自己的特質，就亮出所有底牌（就像劍山），反而變成一個「沒有記憶點的人」。

此外，若想讓對方還想再見你一面，就要化身為針（而非劍山），將你的身影烙印在對方心底。第一招就使出瑪丹提，通常是下下策。

第五章

想成為說話大師，就要學會「傾聽」

傾聽，是增強聊天能力的關鍵

“「口才好」跟「擅長發言」是兩碼子事

前面的章節，我已經講解過說話的方法（談話技巧與表達方式），從這一章起，我要傳授你「傾聽」的祕訣。

閱讀到此處的你，應該了解我要說什麼；「口才好」分為：

①擅長聊天

②擅長發言

而這是完全不同的兩碼子事。

人們常說聊天就像傳接球，也就是與懂得設身處地與對方溝通、交流。而發言，就是單方面發表自己的意見。本書將聊天與發言定義為：「聊天是傳接球，而發言是投球」。

假設你投得出球速一五〇公里的直球，對方卻無法接住你的球，或是你投出對方接不到的壞球，就不能稱為一場成功的傳接球。

你想成為擅長聊天的人，還是擅長發言的人？

本書傳授的「說話術」，並不是指發言，而是指聊天。

如果學不會分辨聊天與發言，口才就不可能變好，甚至越想把話說好，說出來的話就越糟。

我也曾經誤入這種陷阱。

我在第一章說過，以前我想學會聊天，卻一心鑽研發言技巧，結果變成一個用一五〇公里火球跟人玩傳接球的危險投手。

這種球對對方而言並不好接，我只是拚命投出自己最滿意、最快的直球，結果屢屢有人告訴我：「等一下，你說話太快了。」「我腦袋轉不過來。」

這是一段不堪回首的黑歷史，當時的我（大學時期最嚴重），甚至很自豪自己說話的速度快到讓人跟不上。

以傳接球來比喻，這就像在超近距離全力投球，看著對方閃球的模樣沾沾自喜，根本就是精神變態嘛。

反之，想藉由聊天來改善發言技巧，也等於緣木求魚。

「會嗎？」如果你不相信，不妨想像一下，棒球隊投手用玩傳接球的步調上場比賽是什麼模樣。肯定會被教練罵得狗血淋頭。

聊天跟發表簡報是截然不同

的，因此想改善發表簡報的能力，就必須練習發表簡報。

話說回來，擅長聊天的人，發表簡報的能力通常也很好，但一旦提到練習，腦中卻浮現一些效率欠佳的方式。

在此，我要指出改善聊天能力的超重要關鍵。

想改善聊天能力，練習「傾聽」比練習「說話」更重要。

猶太人有一句格言：「耳朵有兩個，嘴巴只有一個。」意思是「你說出一句話，就應該聽人兩句話」，此言在業務圈也頗為知名。

傾聽，比說話重要兩倍。

請回想一下前面章節提過的麥拉賓法則。很多人忙著鍛鍊只占7％重要性的語言訊息，卻將占了55％的視覺訊息、占了38％的聽覺訊息拋在腦後。

同樣的，也有很多人只顧著練習說話能力，卻忽略在聊天中比說話能力重要兩倍的傾聽能力，難怪怎麼練都沒起色。

如果你「無論怎麼努力還是口拙」，這並不代表你沒天分，只是努力的方式錯了而已。唯有遵循正確的途徑，努力才會有成果。

“全世界最棒的課程，創造出全世界最棒的學生

一場好的對話，絕對少不了傾聽。幸運的是，學傾聽遠比學說話輕鬆多了。

技術性的細節容後再談，在此，我先說出傾聽最重要的核心——心態。我在傾聽別人說話時，最重視的就是這點。

聽人說話時，要當作自己在聽全世界最有趣的話題。

這並不是「諂媚」，而是更符合邏輯的理性考量。此刻你將時間花在這個人身上，就代表你在無數的行為選項中，選擇了「聽眼前這個人說話」。

只有在你「想聽眼前這個人說話」的意願超越看漫畫、看YouTube時，你才會聽別人說話。沒有例外。

讀到這兒，或許你想反駁：「我又不是自願聽的！其實我想看漫畫，是對方硬要說話，我才……」但是，那是錯的。

有人找你說話又如何?你大可忽略他、直接閉上眼睛睡覺，即使對方是主管，你也可以說：「我現在想看漫畫，閉嘴!」

你可能心想：「要是我這樣做，就死定了。」不過，你並不會因為說出那句話就心臟碎裂，從物理上說來，你的嘴巴想說什麼，沒人管得了。

「因為這個主管很難搞，所以我才勉強聽他說話」的言下之意，就是「我不敢拒絕主管，因為我怕日後主管找我麻煩，所以只好捨棄漫畫、選擇聽主管說話，討主管歡心」。這是你經過判斷後所做的決定。

此處的重點是：無論你考慮了多少層面，事實上，最終都是你自己選擇了聽主管講話。

明明是自己選擇「我不想因為看漫畫而得罪主管，所以還是乖乖聽他說話好了」，心中卻想著：「好想忽略主管，繼續看漫畫喔」這不是很奇怪嗎？明明是自己的決定，卻誤以為自己是被強迫的。

當你產生上述的誤解，聽主管說話時，展現出來的表情與態度肯定令人不敢恭維，主管見狀，也會認為：「我是為了你好才講這些，結果你這什麼態度啊！」本來想討歡心卻適得其反，賠了夫人又折兵。

這豈不是很慘嗎？本來是怕得罪主管，所以才忍著不看自己最愛的漫畫，「耐著性子聽主管說話」，結果因為態度欠佳，反而得罪了主管。到頭來，自己心情不好，主管的心情也不好，連自己都搞不懂為什麼要放棄漫畫找罪受。

其實，學會「聽人說話時，當作自己在聽全世界最有趣的話題」，對自己反而有好處。

聽別人說話時，你能做的事情只有一件：那就是豎耳傾聽。無論你心中多麼想看漫畫、多麼想打電玩，聽人說話時，是無法看漫畫、無法打電玩的。

「聽人說話」是自己的選擇，而認同這項選擇，不只是尊重對方，也是尊重你自己。

一邊聽別人說話，一邊想著「其實我想做別的事情」，不僅是否定對方，也否定了選擇「傾聽」的你。

換個角度思考，雙贏就會變成雙輸。既然選擇傾聽，何不讓這段時間成為你倆最棒的時光？否則多可惜啊。

聽人說話時，請當作自己在聽全世界最有趣的話題，這是對自己的禮貌，也是對對方的禮貌。畢竟你從世界上那麼多選擇中選擇了「傾聽」，對方也從世界上那麼多選擇中選擇了「跟你說話」。

而且，當作自己在聽全世界最有趣的話題，也有一項好處。

那就是：對方說的話，聽起來真的會變有趣。

一邊想著「好吃」一邊用餐，吃起來就會更好吃；一邊想著「難吃」一邊用餐，吃起來就會更難吃。一邊看搞笑綜藝節目一邊嚷著：「無聊死了！」，節目就會真的變難看；反之，如果邊看邊哈哈大笑（即使是假笑），不怎麼樣的節目也會變好看。

一場對談的品質，比電視節目更易受到聽眾的反應左右。而且，聽眾表現出興致盎然的模樣，發話者也會受到激勵，努力說得更生動精彩。

全世界最棒的課程，創造出全世界最棒的學生。

“王牌女超業教你如何用「傾聽」開發新客户

我有一個王牌業務員朋友，接下來，我要透過她的例子，來講解相關的「傾聽」技巧。

她是挨家挨户推銷報紙的王牌業務員，有一天，我問她有什麼推銷訣竅，她說：

「我在拜訪新客户之前，會先告訴自己：『接下來，我要去見最愛的情人。』站在喜歡的人家門口按鈴，心頭會小鹿亂撞，而且一見到對方，就會自然露出笑容。面對喜歡的人，當然也會仔細聆聽他說的每句話，而且點頭如搗蒜囉。客户感受得到我的情緒，因此我抱著『好感』面對客户，也多半能得到客户的友善回應。」

的確，如果有人用充滿愛意的眼神看著我，我怎麼忍心擺臭臉呢？

「呃，可是我長得又沒多好看，這麼做有用嗎……」

如果你有上述的煩惱，我再說一個跟她有關的小故事。沒錯，她確實是美女，而且她的社群帳號，總是充滿俊男美女的照片。

有一次，我對她半開玩笑說道：「妳是看臉挑朋友嗎？」

她的答案是……

「才沒有呢！不過，我會選擇有上進心的人當朋友。有上進心的人，通常也會努力打扮外表，結果就變成我周遭都是俊男美女了。」

以上，是記者的現場連線報導。

如何用肢體語言表現出「我超認真聽！你講的話超有趣！」

我在聽人說話時，會用肢體語言傳達出一項訊息，那就是：「你講的話是全世界最有趣的！」。以下，我將具體介紹幾種好用的技巧。

- 點頭
- 附和
- 挑眉

好，讓我來逐一介紹吧！

“點頭的技巧

說到底，最基本的就是這個。這點不學起來，說什麼都是空談。這就像拳擊的刺拳（Jab）、棒球的揮棒練習、《名偵探柯南》的殺人案件。

聽眾一點頭，發話者就會說得更起勁，沒有例外。或許你認為「點頭不就只是動動脖子而已，誰做都一樣啊」，但其實這個動作會透露許多訊息，「點頭點得好，溝通能力絕對好」此言可一點都不誇張。

①點頭的幅度

首先，各位點頭初學者最需要注意的，就是點頭的幅度。許多人常犯的錯誤，就是點頭幅度太小了。

千萬別學傳直銷講座裡的人，點頭點到像擠在當紅視覺系搖滾樂團解散演唱會最前排的忠實老粉絲。當你覺得「這次點頭的幅度好像有點大」時，其實這多半就是最適合的幅度。簡單粗估的話，就是將你心裡預設的點頭幅度再加大三成。

② 節奏

接下來要談談節奏。

「嗯……嗯……」（我用「嗯」來表現節奏，但其實沒必要真的發出聲音）這類的重點式點頭，與點頭如搗蒜的「嗯嗯嗯」，請視情況適度使用。

基本上的形式，就是先用「嗯……嗯……」的節奏點頭，若對方上鉤，再偶爾用快節奏、小幅度的「嗯嗯」，傳達出「多講一些！我還想聽！」的訊息。

不過，「快節奏小幅度的點頭」若用太多，可能會顯得心不在焉、或是好像在催促對方。

特別要注意的是，如果次數過多，變成「嗯嗯嗯嗯嗯嗯嗯嗯嗯」，對方會懷疑「你到底有沒有在聽」。

基本上，以「嗯……嗯……」為主即可。

③ 時機

最後要談談時機。

前面我說過「點頭點得好，溝通能力絕對好」，原因就在於時機。光是在適當的時機點頭，就能讓發話者明白「你真的聽懂了」。而且，在適當的時機點頭，也能使你聽得更清楚、提升你對話題的理解力。

不僅如此，學會在適當的時機點頭，輪到自己說話時，就能預測聽眾的點頭時機，進而自然創造「留白」的時機，最終提升你的說話技巧。

附和的技巧

正確說來，附和其實也包含點頭，但此處要探討的是「是、嗯、噢」之類的口語附和（不包含點頭）。

以我個人來說，在講座之類的活動上對群眾說話時，如果有人喜歡大聲附和道：「真的耶耶耶耶耶！！！原來如此啊啊啊啊啊！！！！！哇啊啊啊啊！！！好猛喔喔喔喔喔！！！！！！」那真的很難講話（傳直銷講座的千奇百怪之一），不過一對一或一對二、一對三時，當然是有人附和比較好。

從來不曾出聲附和的人，不妨試著用「點頭」的節奏，在言談中穿插一些基本詞彙。最好用的就是「嗯」跟「是」，除此之外，也可善加利用以下幾種詞彙。

▼「嗯——！」

它跟「嗯」很像，所以最好用，可用來表示「理解」或「我想聽」。請想像自己吃到超級美食時發出的聲音，語調差不多就是那樣。這個詞可以滿足對方的優越感，而且簡單好用，是我最推薦的附和方式。

不過，請小心不要使用過多。

此外，如果附和時面無表情，看起來就像用「嗯……」表示「我不能接受」，所以用這招時一定要放感情喔。

▼「噢～！？」「這樣子啊！」

這兩者能用來表示「我想聽」。「這樣子啊！」平常可能不常用，但它能同時表示「驚訝」與「我想聽」，十分有效，請務必一試。

請想像自己在寒冷的天氣洗澡時，從丹田發聲的模樣。尤其是「噢～！？」，如果語調平板、音量又小，聽起來就像在說「我很無聊」，請千萬小心。若以文字來表示，「噢～！？」比「噢～」有力量，請一定要發出聲音，讓對方聽到話中的「！？」。

▼「原來如此！」「沒錯！」「就是說啊」

對方在長篇大論時，光是用「是……是……」附和，對方可能會懷疑「你到底有沒有認真聽」。

此時，不妨配合話題稍微改變附和方式，就能使人感受到你的誠意。

「是……是……是……是……是……是……是……是……」

「是……是……原來如此！是……就是說啊……是……沒錯！」

如何？光看文字，就能感覺到後者比較有誠意吧？

“挑眉的技巧

一般人很容易忽略這點，但這招效果真的很好，所以請務必學起來。配合對方的話題改變表情，能表達出同理。人都喜歡能同理自己的人。

而談到表情，我特別希望各位注意眉毛（可參考第三章的「媚」字段落）。挑動眉毛的動作很小，因此邊聽邊挑眉也不會妨礙發話者，而且還能充分表達情緒。

接下來，我要說一個跟「媚」恰恰相反的小插曲。

你知道「麻呂眉」是什麼嗎？

麻呂眉，就是日本平安時代貴族（他們都自稱「麻呂」）的眉型。為什麼平安時代的貴族會留那麼不自然的眉型呢？

為了隱藏情緒。麻呂眉就是拔掉所有眉毛，只在眉頭上方的額頭用墨汁畫出眉型。那種位置的眉毛完全不會被表情牽動，因此很難傳達情緒。

說不定鄉下的血氣方剛大哥大姊們喜歡把眉毛全剃光，也是為了不讓別人看出自己的畏懼。[1]

1　日本的暴走族喜歡把眉毛剃光，作者此處可能是影射日本暴走族。

反之，若能善用挑眉，就能完美傳達自己的情感。配合對方的話題邊挑眉邊聽，就能顯示出你充分同理對方的處境。

就算你心中暗想：「到底在胡說什麼啊！根本聽不懂你在講什麼鬼話。拜託趕快講完好不好。」只要挑動眉毛，一切沒問題！在對方眼中看來，你就是一個善於傾聽與同理的人。

不過，眉毛只要輕微挑動就能傳達情緒，因此請千萬小心，別挑動得太過頭。

聽到哀傷的話題時，略微皺眉；聊到輕鬆的話題時，微微揚眉；談到令人驚訝的話題時，請試著再讓眉毛上揚一些，睜大雙眼喔。

讓話題聽起來更有趣的三項技巧

點頭

・點頭幅度要大
・掌握節奏
・只在適當時機點頭

附和

・與點頭穿插使用
・語調不可平板，必須讓對方感受到你的情緒

眉毛

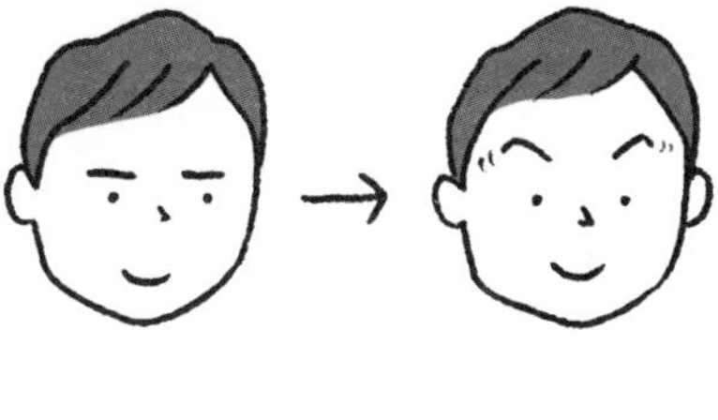

・光是微微挑眉，就能傳達情緒
・悲傷或嚴肅的時刻，須皺起眉頭

對方說的話我早就知道了，怎麼聽下去？

“千萬不能說「不對」

你遇過這種狀況嗎？對方說的話我早就知道了，甚至知道他接下來要說什麼；或是對方明顯說錯，好想糾正他……

我當然也遇過上述情形。然而，即使如此，你還是必須聽到最後。

人類是一種喜歡說話勝於傾聽的動物，因此基本上不喜歡講話被打斷。

有些人甚至一被打岔就發火、鬧彆扭，尤其是愛面子的男性，更容易發生這種情形。這種人被指正會表現出一副不服氣的樣子，或是嘴上說「我知道了」，實際上卻還是堅持自己的做法。

這種情況下，錯的人是誰？

當然是鬧彆扭的人……不對，是中途打岔的人。說起來雙方都有錯，但最先起爭端的人，就是插嘴的人。「不讓人把話講完」，簡直就是一種「攻擊」了。

「不對」這句話，請不要使用在對話中。如果是像本書一樣使用在文章中，或是在個人發表簡報時使用，感覺還不會太嗆，但使用在談話對象身上，則是極端具有敵意的危險發言。

與其插嘴說「不對」，不如先聽到最後，再接一句「是啊」，然後才發表自己的意見。就算你完全不認為對方是對的，也請說「是啊」。

「是啊」不一定代表全面同意對方的話，也可以代表「我知道你的意思」或「我同意你的部分意見」。你不需要接納自己所不認同的意見，但至少需要做到「接納」。

劈頭就說「不對」，很容易遭受反彈，因此請先接納再說。大概就是這樣吧。

A：「豚骨拉麵就是要吃油脂多一點、味道濃一點、麵條硬一點的！因為在吃的時候……」

B：「不對啦。『正常』硬度才是真理啊！唯有『正常』硬度的麵條，才能完整吸收湯汁，延展性也比較好。」

A：「咦？是嗎？可是我覺得硬一點比較好吃耶，沒差啦。」

上述對話是行不通的。請看以下的正確範例。

A：「豚骨拉麵就是要吃油脂多一點、味道濃一點、麵條硬一點的！因為在吃的時候，麵條會吸收湯汁，變得軟趴趴。」

B：「是啊。恰到好處的硬度，才是最棒的麵條。我也這麼想，所以都選『正常』硬度。我問過拉麵店老闆，老闆說唯有『正常』硬度的麵條，才能完整吸收湯汁，延展性也比較好。不過，可能每家店的做法各有不同啦。」

A：「原來是這樣啊，我以前都不知道呢。下次我也換成『正常』硬度試試看。」

既然無法改變他人的行為，就不能用理論說服，必須走心理戰。別試圖講贏對方，而是先給對方面子，他自然就會變坦率了。

傳直銷的洗腦式傾聽練習

在本章節，我要介紹傳直銷界的一項溝通練習。

兩人一組，一個人負責講最近遇到的事情，另一人則負責傾聽。發話者會講同樣的事情兩次，第一次，聽者必須從頭到尾不予回應，無論聽到什麼，都完全不作任何反應。而第二次，聽者必須給予最熱烈的回應，表現出「我正在聽全世界最有趣的話題」的模樣。

請你想像一下，發話者在第一次跟第二次的談話中，分別是何種心情。

第一次談話，發話者簡直快哭出來了。無論說什麼，對方都沒有任何反應，這會使發話者抓不到談話節奏，導致語塞。發話者語塞、苦笑，結果聽者還是擺著一張撲克臉，第一次參加練習的人，通常不到一分鐘就崩潰了。

相較之下，第二次真是快樂得不得了。明明談話內容跟第一次一模一樣，第一次是講到快哭出來，第二次則是聽者眼睛一亮，熱烈回應道：「哇！原來有那種事呀！」「然後呢然後呢？」「啊哈哈哈哈！」見對方如此捧場，發話者真想連續講個三天三夜！

至於聽者的情緒，則是另一個重點。

事實上，聽者在第一次談話中也痛苦、無聊到極點，第二次則快樂多了。在第一次談話中，聽者認為自己在浪費時間，因為自己的行為不僅否定了發話者，也否定了自己（我真不應該逼自己聽無聊的話題）。

第二次談話，就算話題真的很無聊，聽者也會因賣力捧場而感覺自己的溝通能力正逐漸提升，而大部分的發話者，都會因聽眾反應熱烈而越講越好。

附帶一提，先讓發話者感到不安，再解除他們心中的壓力，能使發話者深刻感受到「有人傾聽自己」所帶來的喜悅與安定，進而使發話者更離不開那個地方。這項練習，設計得可真好啊。

“成為聽眾領袖

如果你覺得「自己很不會說話」，說不定不是你的說話能力有問題，而是你周遭的人「傾聽能力」有問題。

我以前當上班族時也參加過會議，大部分的人都不看主講人或投影片一眼，只會盯著手邊的資料，連吭都不吭一聲。在那種情況下，口才是能多好？這難度就像在守靈時講單口相聲，意圖逗笑所有人。

如果你的職場有上述情形，請你至少給會議主講人一些回應。

當所有人都低頭看資料的時候，只有你與主講人有眼神交流，配合他的話題改變表情、點頭；當對方講冷笑話的時候，就算你無法笑出聲，至少也報以微笑。他一定會對你有好感！在主講人眼中，你簡直就是荒野中的一朵玫瑰。

以前我在傳直銷界當王牌業務員時，也是頗受歡迎的講座講師。不僅如此，其他人上臺當講師的時候，我也靠著執行某項任務，在私底下頗受好評。

我的任務，就是坐在離講臺最近的第一排中間，誘導聽眾作出回應。簡單說呢，就是暗樁啦。說得好聽一點，就是「統籌」（coordinator）或「聽眾領袖」。

我會在最前排跟主講人眼神交流，該點頭時就點頭、該笑時就笑，該拍手時就用力拍手。如此一來，其他人也會受我影響，開始對主講人作出回應。甚至呢，如果主講人講錯話，氣氛開始尷尬，我也會藉由提問、附和來緩和氣氛。而且這麼做，也比默默坐著聽人講話有趣多了。

在傳直銷界，有這麼一句格言。

「去聽講座的時候，要把自己當成全場的主角。」

身為統籌，是不能坐著發呆的。你必須掌控現場的氣氛，讓場子越熱越好。

不過，有一點必須注意一下。

各位有過這種經驗嗎？去參加傳直銷講座時，明明主講人講了冷到結冰的冷笑話，現場卻突然一陣大爆笑，彷彿剛剛聽到本世紀最勁爆的奇珍異事，結果反而使你倒胃口？

如果反應太激烈、太假，反而會讓氣氛變尷尬，或是讓現場變得像邪教傳教大會似的。更糟的是，可能會打亂主講者的節奏。

切記，請以自然的態度邊聽邊作出回應，避免不自然的過度捧場。在講座或會議中，只要與主講者眼神交流，在適當時機點頭即可。

還有另一件重要的事。**聽人說話時，光是努力在適當時機作出回應，就能使**

你的口才變好。因為你會越來越明白：聽眾會在什麼時候仔細聆聽，又會在什麼時候分心。

第一步，如果你是毫無反應的聽眾，請開始學習對主講人點頭、四目相交；而在講座或會議等聽眾很多的場合，請當作你是全場唯一的聽眾，試著對主講人作出回應。

第六章

如何越說越動聽

肢體語言比語言更重要

“學會這四種手勢，讓你越說越動聽！

各位不覺得，多數日本的政治家體型，好像都比歐美政治家小嗎？當然，這與日本人的體型脫不了關係，但最重要的關鍵是：許多日本政治家都沒有使用（不會用）肢體語言。

站姿端正或許也是日本人的一項美德，但該發揮領袖魅力的時候，畏縮的領袖是得不到人心的。

肢體語言能力，正是日本人相當缺乏的能力之一。

在麥拉賓法則中占了55％的視覺訊息，除了包含外表的美醜，也包含舉手投足、行為舉止。

不過，這同時也是一個機會。

既然全體日本人的肢體語言都很弱，那麼只要你學會肢體語言，就能善用麥拉賓法則，往目標（成為口才好的人）前進一大步！

你還記得嗎？視覺訊息占了印象中的55％，語言訊息則只有7％。與其鑽研談話內容，不如練習肢體語言，效果來得好多了。

在此，我還要告訴你一個好消息！只要記住幾個簡單的手勢，就能一秒成為「肢體語言高手」！

下次，當你聽人說話時，請試著觀察他的肢體語言。就拿 YouTuber 來說吧，你看看談話性頻道的 YouTuber，不難發現有些人只會一種動作（應該很明顯）。那些看起來口才欠佳的 YouTuber，大部分都只會反覆用單手上下擺動。

如果是我頻道的觀眾，應該會發現我都是兩手交替擺動。不僅如此，我的手也不會只是上下擺動，而是有時左右擺動、有時畫圓、有時靜止不動。

你可能會認為：邊說還要邊換手勢，門檻也太高了吧？不過，大致上說來，只需要記住以下四種手勢即可。

- 上下擺動
- 左右擺動
- 畫圓
- 靜止不動

光是用左右手交替比出這四種手勢（偶爾雙手並用），你就能變成肢體語言高手。

這招善用了麥拉賓法則中比重最大的「視覺訊息」，即使你的談話內容再差，手勢也能壓倒性改善你的形象與影響力。

如果還不習慣，不妨先學會兩種手勢，光是這樣就能有效改善形象。

請先事前想好「在哪個段落要用哪種手勢」，多多練習。練習手勢比練習說話有效，一旦習慣了，你就能自然地靈活運用手勢。

此外，我也建議各位錄下自己說話的模樣。

大家都說「錄影、錄音很有幫助」，結果實際願意做的人卻是少得可憐，但這真的很有效！與其花大錢上什麼說話課程，還不如錄影比較有用。

如果你即將面臨重要的簡報會議，我強烈建議用錄影來練習（雖然你可能會覺得麻煩）。既然只需要單方面說話，那麼只要反覆錄影練習，就能輕鬆晉級為「肢體語言大師」喔。

姿勢擺得好，說話自然說得好

“想學會說話，先學擺姿勢

不只是肢體語言，姿勢也很重要。

無論是運動、音樂、書法或武術，姿勢亂七八糟的人絕不可能進步，而說話也不例外。姿勢對了，學習效率好；姿勢錯了，怎麼學都學不好。

無論在哪個領域，越早學會正確的姿勢，進步速度越快。姿勢，確實是有正確答案的。

依據場合不同，「絕妙的譬喻」與「簡單易懂的談話內容」可能也有不同解答，但「不容易怯場的姿勢」與「具有說服力的姿勢」，多半都是相同的。當然，若要講得更深入些，確實還可因應場合而細分出更多種姿勢，不過基本上不出幾個大方向。

姿勢能藉由照鏡子而輕易修正、拿到及格分數，而且亦是所有表演的基礎。

接下來，我會從臉部、背脊、手臂、雙腳這幾個部分來介紹說話時的正確姿勢。建議藉由照鏡子或錄影來修正自己的姿勢，姿勢做得正確一點，說話功力就會變得更好一點。

▼臉部

只要注意臉部的兩個部分，就能擺出好表情。

那就是眉毛跟嘴角。前面的章節已介紹過眉毛，在此，我要簡單介紹嘴角的部分。

首先，對話的基本就是揚起嘴角。不擅長溝通的人，經常下意識地將嘴歪成「ㄟ」字型，或緊抿成「一」字型。反觀擅長溝通的人，多半能自然地揚起嘴角。光是揚起嘴角就能營造好形象，而且你的聲音也會開朗起來，因此請常保嘴角上揚喔。

對著鏡子做做看，你就能明白嘴角與眉毛能帶來多少改變。

除了照鏡子，也不妨用手機自拍比較看看，差異會更加明顯。拍一張嘴角與眉毛下垂的照片，再拍一張嘴角與眉毛上揚的照片，你就能看出兩者的形象有多大的差異。

與人溝通時，臉上一定要有表情。

不只是自己說話時要有表情，聽人說話時、打電話時，即使對方看不見你的臉，也一定要面帶表情。

如果只有自己說話時揚起嘴角與眉毛，聽人說話時卻擺著撲克臉，別人很容易認為你「只對自己說的話有興趣」「根本沒在聽人說話」。

「聽人說話時要有表情，我懂，但講電話時對方又看不見我的臉，沒差吧？」如果你這麼想，就大錯特錯了。

表情會大大影響語調，所以講電話也不忘保持笑臉，才是聰明的做法。

而且，電話裡只能靠聲音決勝負，因此無論你長得多帥、多美，在電話中都派不上用場。

想要有討喜的聲音，就必須先擺出討喜的表情。講電話時，請務必維持友善的表情喔！

▼背脊

背脊打直當然是最棒的，但是如果跟面試一樣挺得太直，反而顯得不自然，所以適度即可。

而駝背、脖子前傾，則會使你看起來變矮，因此務必小心（尤其是個子小的人）。個子小的人一旦縮起身子，看起來就顯得不可靠。

「我又不是什麼武術高手，哪有辦法輕鬆擺出好姿勢啊？」別擔心，我有絕招！請牢記以下三點：

① 將椅子拉近自己再坐下
② 椅子坐滿
③ 靠在椅背上

「咦？怎麼跟想像中相反？」讀到這兒，一定會有人感到納悶吧？一般的說法是：「背部不靠椅背，坐在椅子前端」，當然，面試時這樣做是完全正確的。

不過，溝通時最重要的，就是維持最自然、最不易疲憊的姿勢；「不自然」與「用力」，正是溝通的大敵。

如果你是平常完全不用椅背、時時挺直背脊的人，那倒無所謂；如果不是的話，坐椅子不靠椅背，一定會累的。

假若因為身體疲累而看起來懶懶散散，或是施力過度導致姿勢不自然，豈不是賠了夫人又折兵？

因此，我建議你靠著椅背讓自己放輕鬆，並擺出端正的坐姿。這看起來很違反常識，但這可是我這個每天照三餐做簡報的人，所研究出的「最省力又最有效的坐法」。

有些人一靠上椅背，坐姿就變懶散，是因為坐得太淺，或是椅子離桌子不夠近。淺坐前端靠著椅背，確實會變成極度駝背，或是懶散地掛在椅子上的樣子。

然而，若是將椅子坐滿呢？椅背多半都是從椅面垂直向上延伸，因此將椅子坐滿，背脊就能順著椅背自然挺直。此外，由於椅子完全承接了身體的重量，因此你可以放鬆地挺起胸膛。

如果不將椅子拉近就坐滿，由於跟桌子距離太遠，坐姿看起來會有點傲慢；反之，先將椅子拉近再坐滿，看起來就像挺直背脊淺坐。從遠處看來可能有點不自然，但眼前的人是看不出哪裡不對勁的。

就想成是在變魔術吧！在客人看不見的死角，怎麼做都無所謂。

▼手臂

我在前面章節說過「請配合話題做出手勢」，那麼，不做手勢時，手要怎麼擺呢？請張開雙臂、肩膀放鬆。千萬不能手臂交疊！手臂的伸展狀態，代表你的心理狀態。

手臂交疊代表警戒、拒絕，手臂交疊給予人「緊閉心扉」的印象，使人感到難以溝通。

反之，張開雙臂代表敞開心扉，看起來比較好溝通。

此外，與人圍桌談話時，雙方之間絕對不能放置任何物品。物品就像屏障，彷彿向對方宣告「你不能越界」（手臂交疊也是同樣的道理）。

反過來說，如果你希望與對方保持距離，手臂交疊、在中間放置物品，便成了維持安全距離的最佳利器，請牢記在心。

▼雙腳

有人說：「看一個人的腳，就能充分看出他的心理狀態。」對此，我並沒有特別放在心上。依我個人經驗看來，改變腳的姿勢，對於溝通並沒有很大的幫助。

不過，有些讀者可能還是需要正確答案才能放心，所以我在此提供兩個選擇。基本上，以下關於腳的姿勢建議，皆是針對坐姿。

基本姿勢一，雙腳微開，腳底貼地。這是最容易施力、最方便用丹田發聲的姿勢。

雙腳併攏代表緊張、警戒，因此關鍵在於雙腳微開。

基本姿勢二，就是配合對方的姿勢。對方開腳你就開腳，對方翹腳你就翹腳。這一招，我自己也很愛用。

模仿對方的動作，是心理學的「鏡射」技巧（Mirroring）。鏡射效應就是「模仿對方的姿勢與舉手投足，容易使對方對你產生好感」。戀愛教學常提到這招，但做過頭可能會引起反效果，請小心使用。

模仿對方的雙腳姿勢，對方不會覺得奇怪，因此你可以自然使出這招。說到鏡射效應的運用，我頂多就是模仿對方雙腳姿勢、在咖啡廳跟對方點一樣的餐點而已。

有一個小技巧，假設對方點咖啡歐蕾，你可以說：「喔！我正好想點咖啡歐蕾耶！」「有默契喔！」用這樣的語調運用鏡射技巧，不僅自然，而且效果十分好。

附帶一提，表情也涵蓋在鏡射技巧的範圍內。配合對方的話題挑動眉毛，正是善用鏡射效應的妙招。

如何增強心理韌性

“傳直銷圈都用這招對付緊張

想要好好說話，你就必須先放鬆。同樣的道理，也可套用在運動與音樂領域；想發揮實力，必須先靜下心來。在此，我要傳授你增強心理韌性的訣竅。

緊張是很棘手的，越是想著「不要緊張」，越是容易緊張。以前我只要站在眾人面前，講話速度就會變快（本來就已經很快了），變成超級連珠砲。

然而，現在我幾乎與緊張無緣。我並非完全感覺不到緊張，只是不會因為緊張而使表現扣分。沒錯，讓我學會面對緊張的，依然是傳直銷圈。

我的六年傳直銷生涯中，有三年是頂尖業務員；這三年來，我不知做過了多少場簡報。

那些聽我做簡報的客户，有的是手上刺著大大的「ＦＵＣＫ」字樣的墨鏡大哥；有的是把寶特瓶當成導演筒敲呀敲，一邊瞪著我的大叔；有的是每隔五分鐘就插嘴，要我「既然賺很多，就捐錢回饋社會嘛」的大嬸；總之我遇到各種奇妙的客户，搞不懂他們是認真的，還是在開玩笑。

我好幾次都想逃之夭夭，但是不能逃！

傳直銷的簡報方式，叫做ＡＢＣ。

所謂ABC，就是A：發話者，B：帶朋友來的人，C：被朋友帶來的人；簡報進行的方式，就是由A（也就是我）向C說話。

既然C是B特地安排時間找來的人，我這個A當然不能臨陣脫逃，有損顏面。面子在傳直銷圈可是很重要的啊。

「在緊張的狀態下做到最好」是不夠的。我講話的時候，不能讓任何人看出我的緊張。

在此，我要介紹三種克服緊張的訣竅。簡單、好上手，而且很有效。就算你緊張得心臟快要跳出來，只要活用這三招，周遭的人絕對感覺不到你的緊張！

「不緊張的人」與「看起來不緊張的人」，在他人眼中看來都是一樣的。無論你的心跳多麼快，只要不漏餡，別人就會認為你不緊張。隨著克服緊張的次數越來越多，你也會越來越能真的習慣大場面。人不可能突然讓快速跳動的心臟停下來，因此不妨豁出去，先努力讓自己矇混過關吧！

增強心理韌性第一招：擺出放鬆的姿勢

雙腳併攏、死命挺直腰桿，肯定會讓你的表現打折扣。

不過，當然也不能因此就把腳跨到桌上啦！（也太放鬆了吧）那麼該怎麼做呢？首先，當你放鬆的時候，請試著擺出「恰到好處的姿勢」，然後再仔細觀察看看。

站著的時候，觀察腳的姿勢、重心的位置、手臂的姿勢等等；坐著的時候，觀察背脊的挺直度、肩膀的舒展度、手的位置等等。人在放鬆的時候，自然能擺出最恰當的站姿與坐姿。

不過，人一旦緊張起來，就會想東想西、忍不住想裝帥，導致肩膀緊繃，姿勢變得怪怪的。因此，若能記住放鬆時所擺出的最佳站姿與坐姿，必將大有幫助。

這裡有一個小技巧：當你緊張時，請將平時的自然姿勢再放大一點。放鬆的時候也可以試試看。請你將雙腳再打開一點、胸膛再挺一點、肩膀再舒展一點，幅度不必太大，不要感到有壓力。

人在緊張時，容易看起來比平時畏縮，因此稍微將身型放大一點，正是恰到好處。

身型放大，才有派頭。這不僅是世界共通的現象，而是全生物界共通的現象。幾乎所有的動物，都會在威嚇時讓自己看起來比平時高大，反之，缺乏自信、害怕的時候，則會縮起身子。

增強心理韌性第二招：深呼吸

呼吸在音樂與運動中的重要性，與姿勢不相上下。我在YouTube影片中也講過幾次類似的概念，因此明白這點的讀者應該不少。

深呼吸會賦予聲音磁性。在淺呼吸的狀態下，說話的聲音會變得薄弱無力，而緊張的時候，呼吸會變得越來越淺，因此緊張時一定要深呼吸。

此外，調整呼吸的速度，也有助於調整說話節奏。尤其像我這種一緊張就變成連珠砲的人，更需要深呼吸的幫助。

說話速度變快，腦袋的運轉速度就可能跟不上說話速度，導致胡言亂語、語塞，也更容易吃螺絲。

而一遇到上述情形，就容易變得更焦慮、說話速度變得更快，陷入惡性循環，淪為一輛煞車壞掉的暴衝火車。

此時，深呼吸就是你的煞車。呼吸速度快，講話速度也會變快；呼吸速度慢，講話速度也會慢下來。

基本上，在大部分的情況下，慢慢說話都比快速說話好。請記住：當你緊張的時候，更需要慢慢呼吸，慢慢說話。

我建議採取「輕柔的深呼吸」（雖然字面上看起來有點矛盾），來調整你的呼吸節奏。

“增強心理韌性第三招：動作要慢，幅度要大

如能掌握前述的兩點，我想接下來這點對你而言應該再自然不過——基本

上，每個動作也必須大而緩慢。

例如從包包裡取出資料時，千萬不能窸窸窣窣地四處摸索，點頭致意的時候，也不要點頭如搗蒜。

取出資料時，要像史蒂夫．賈伯斯首度發表iPad一樣，優雅俐落地從牛皮紙袋裡抽出來。點頭致意時，緩慢而慎重地點一次就好。

即使你一時之間找不到包包裡的資料，也要保持從容優雅、慢條斯理，告訴自己：「我可是史蒂夫．賈伯斯，現在只是在醞釀氣氛。這份沉默，將會化為滿場的感動！」

記住，千萬不要往包包裡死命瞧，像倉鼠一樣埋頭猛找喔。

第七章

嚴禁濫用！這些心理效應太強大了！

使用心理效應前，先做好這件事

讀到這兒，你的口才已經不一樣了；而第七章的功用，就是化為武器，助你登向更高的巔峰。

我在前面的章節，已將基本技巧傳授完畢；如能反覆練習、靈活運用，必定能大幅提升你的溝通等級。

等級提升後，接下來就是收集武器了。武器的好處在於：誰來用都有同樣的效果，換句話說，我在此處所介紹的，都是保證能百分百重現的技巧。

不過，你必須先有力量，才能使用強大的武器。

第一章到第六章算是打基礎，有了前六章的基礎，你才能活用本章的武器。因此，請先學會前六章的技巧，再來看第七章。

接下來，我要介紹五種超好用的心理效應，以及三種必須謹慎使用的心理效應。如果你是業務員，這些妙招肯定成為你的利器。

當然，如果你不是業務員，也可以把「推銷東西」代換成「推銷自己」或「說服別人答應你的請求」，同樣具有妙用。

五種超好用的心理效應

“心理效應一：越聊越開心的「同步」

你有過這種經驗嗎？跟人聊天的時候，覺得「這個人太大聲了」「他講話太快了」，導致很難聊？

同步（Pacing）是一種藉由配合對方說話速度來拉近距離的技巧。無論是說話速度、節奏、語調、音量，都請配合你的溝通對象。

這項技巧在一對一對談中尤其有效，保證雙方相談甚歡。它與第六章所介紹的「鏡射效應」類似，說話節奏或語調相近，對方就會覺得你很好聊。

習慣之後，不妨以對方的說話方式為基準，稍微改變一下節奏。想掌握主導權的時候，可以用大一點的音量說話。

在容許範圍內稍微改變節奏，不僅比較容易掌握主導權，甚至還能控制對方的說話節奏。

以前跑業務時，我常常在客户不注意的時候，逐步提升說話節奏。因為節奏上升得很自然，因此對方會認為「這個人真好聊」「我們聊得很愉快」，而且由於客户的思考時間變短，很容易就順口說ＹＥＳ了（一點小心機啦）。

“心理效應二：最適合業務跟推銷員的「定錨效應」

定錨效應（Anchoring），就是「用最初所提出的數字或條件作為基準（錨點），來影響後續判斷」的心理效應。同樣的產品，與其直接喊價「一萬圓」，不如跟客户說「定價三萬，特價一萬」，客户才有賺到的感覺——這就是定錨效應。

※將一萬圓的產品定價為十萬圓，然後再打一折，這種先抬價再假特價的行為在日本稱為「二重價格表示」，違反了日本的贈品表示法。

依據錨點（比較對象）的不同，客户對物品價值的觀感也會截然不同。只要善用定錨效應，任何東西想賣多貴、就能賣多貴。

假設要用一百萬圓賣出一套化妝品，你會怎麼做？

不能賣給「錢多到用不完的大富翁」唷！這方法也很聰明啦，但這次請假設你要把產品賣給「收入一般的普通人」。

「這套化妝品原價三百萬圓，現在特價只要一百萬圓喔！」這招行不通唷，一般人聽到化妝品要三百萬就不想要了。那麼，該怎麼做呢？關鍵在於：用什麼當錨點。

如果要普通人花一百萬買你的東西，就必須找出當事者甘願付出一百萬（或一百萬以上）的錨點。

哪些東西，是普通人甘願花一百萬購買的？各位應該想得到好幾種吧？

我想，多數人應該都想到了車子、房子、大學學費之類的開銷吧？

只要用這些東西來當錨點賣化妝品就行了。

請看以下的例子。

「買一臺車，也不會讓你的人生一夕間變得多采多姿吧？

這年頭誰沒有車？

可是，如果你的皮膚能年輕十歲呢？

請想像一下。

如果你比現在年輕十歲，會穿著跟現在一樣的衣服嗎？

如果年輕十歲，邂逅的對象也會不一樣吧？

你不覺得，每天都會快樂許多嗎？

一百萬圓絕對不便宜。

因此，這筆錢必須用在你人生中最值得的地方。

現在家裡的車再多開幾年，
下次要換車時改買中古車，就省下一百萬了。
當然，新車開起來可能比中古車舒適，
但是跟年輕十歲的喜悅比起來，哪邊能帶給你更多喜悅呢？

請想像一下，
你想要開一臺稍微新一點的車，
或是年輕十歲、脫胎換骨成全新的自己？

同樣一筆錢，
花在哪裡，才能讓你的人生更多采多姿？」

大概就像這樣。

附帶一提，我在簡短的台詞中運用了許多技巧，你找到了幾個呢？

如果我說「用了這套化妝品，就能年輕十歲」，那就是說謊，但我只是提問「如果能年輕十歲，你覺得如何？」而已。

我沒有說「用了這套化妝品，就能變年輕」，而是使客户產生「用了這套化妝品就能年輕十歲」的錯覺。

此外，「如果你能年輕十歲」的「如果」兩字也很好用，請牢記在心。「如果」是假設，人無法否定假設，因此你可以在客户腦中天馬行空地勾勒各種想像。

而「請想像一下」這句話，會使客户產生已經買到化妝品的錯覺，使客户想像自己化妝的模樣，強化對方的購買欲。

最後，不要問客户「要不要買」，而是讓客户選擇「買車或是買青春」。不知不覺間，你販賣的已不是「化妝品」，而是「年輕十歲的喜悅」。而化妝品，與車子（錨點）比較的也不是「皮膚年輕十歲」，而是更具意義的「年輕十歲的喜悅」。

如果有人運用本書所介紹的技巧對你說上述那些話，你拒絕得了嗎？一個外表乾淨清爽、看起來比實際年齡年輕十歲的人，對你說的話揚眉表示同理，而且呼吸沉穩、語氣誠懇可靠……

不至於百分百買單，但你不覺得，買下化妝品的機率……好像挺高的？

定錨效應

依據比較對象的不同（錨點），
物品的價值也不同。

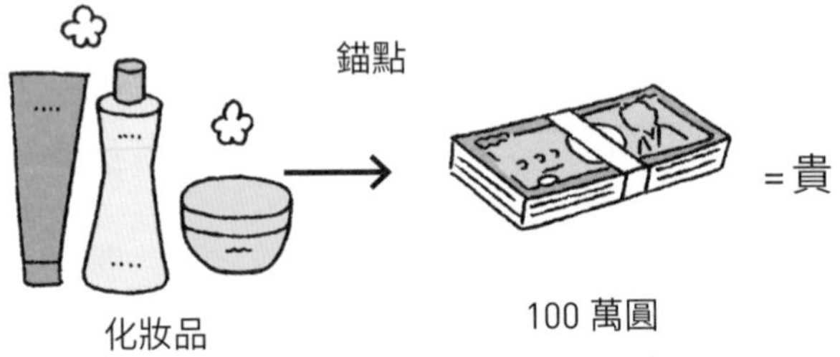

客户會覺得「100萬圓的化妝品」很貴。

將客户甘願花100萬圓以上購買的東西當作錨點

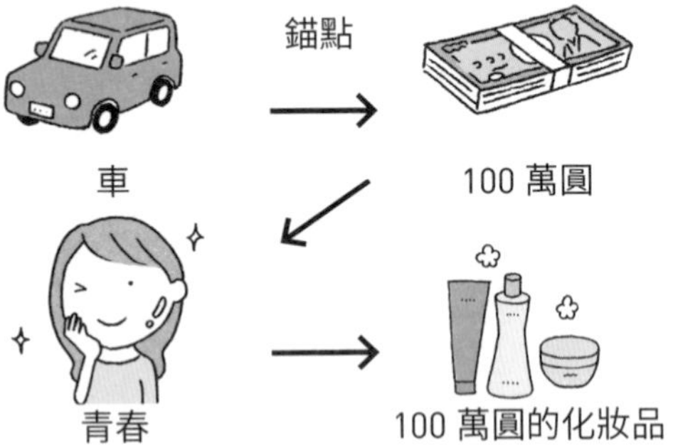

比較（定錨）的對象
不是100萬與化妝品，
而是100萬與車、100萬與青春。

心理效應三：忍不住想收集整套產品的「狄德羅效應」

假設有人因為前述的定錨效應而買了整套高價化妝品，那麼，銷售員很有可能會向那個人推銷其他東西。一旦買了高價產品，就會被當作肥羊，銷售員肯定乘勝追擊。

「只有買下這套化妝品的客人，我們才會特別介紹這組保健食品。不只是皮膚，它還能讓您從裡美到外，讓您看起來更年輕……」

一聽下去不得了，原來保健食品是與化妝品共同開發的，因此兩組一併使用可以得到雙倍效果；或是買了化妝品的人，有八成會連同保健食品一併購買，九十八%的顧客表示十分滿意……

接著銷售員秀出買過保健食品的顧客照片，看起來真的好年輕！照片中的女性看起來才三十幾歲，檔案上卻寫著五十幾歲，而且保健食品的包裝盒看起來好高級，跟化妝品套組擺在一起簡直相得益彰。咦？不僅如此，現在買還送真皮化妝包，可以同時容納化妝品套組跟保健食品？

即使根本沒有任何證據能證實保健食品的功效，我想還是會有不少人買單。

這就是「狄德羅效應」（the Diderot Effect）。簡單說明狄德羅效應，就是「買下一個好東西之後，還會想買其他好東西來湊數」的心理效應。

「狄德羅效應」一詞，是源自於法國哲學家狄德羅。有一天，朋友送給他一件高級酒紅色長袍，結果為了配合那件長袍，他居然把家裡的家具全換成高級品。

如果想將整組高級產品推銷出去，第一件不妨賣得便宜一點。這就像拳擊的組合拳（One-Two），只要第一發刺拳打中，接下來的直拳也會命中。真正的攻擊，當然是直拳。

「原本在名牌精品店只買了低價披肩跟鑰匙圈，不料幾個月後卻買了包包跟大衣。」有這種經驗的人，或許就是掉入了狄德羅效應的陷阱。

“心理效應四：降低思考能力的「稀缺效應」

這實在太有名了，我曾經猶豫：需要解釋這個嗎？不過，由於這招真的太多人用，而且效果絕佳，因此我還是簡單講一下吧。

稀缺效應（Scarcity Effect）——從字面即可推斷，這是一種「越難得到的東西，人越覺得有價值」的心理效應。當中最強大的，就是「現在不買，（或許）以後就買不到了」的急迫性。

人一感覺到時間的急迫性，就會猛然失去冷靜判斷的能力。

「現場簽約，才能拿到小禮物唷！」

「庫存不多，快賣完了。」

「現在不買，以後說不定就沒機會了。」

這種廣告文案從以前用到現在，一路以來歷久不衰，我想大概還可以用上一百年。

只要添加那麼一句話，就能剝奪顧客的思考能力，因此在市面上看到、聽到類似的句子時，請千萬小心。

心理效應五：自由操縱認知的「認知重構」

認知重構（Reframing）是指重新建構人對某件事物的觀點。比如「杯子裡只剩下半杯水」與「杯子裡還有半杯水」就是很好的例子，觀點一變，認知也會大幅改變。

簡單說來，就是「一件事可以說成好的，也可以說成壞的」。不需要說謊，只要稍微改變說法，就能大幅翻轉認知。這可是我最擅長的絕招之一呢。

「三十萬就能改變你的人生！」

「只要用一個月的薪水投資，就能改變今後六十年的人生！」

「你捨不得拿一個月的薪水去投資，以後就得繼續過現在的生活六十年——也就是七二〇個月！」

同樣一件事，換個說法，感受竟天差地別。
基本上，人對損失的敏感度大於獲利，因此只需將「把握機會狂賺一百萬」換成「錯過這機會，你就損失一百萬」，就能增強影響力。
同樣一杯水，一經認知重構，在人們眼中的價值便截然不同。
「喝水可以潤喉。」
「人三天不喝水就會死。」
你的說法，掌管了聽者觀看事情的角度。

這三種心理效應別亂用！

前面介紹了五種好用的心理效應，而本章節，我要提醒你注意三種不能亂用的心理效應。

“引發反效果的「迴力鏢效應」

你是不是也曾經在網路社群看過「迴力鏢打臉」一詞呢？自己以前做過的事、說過的話反而攻擊了現在的自己，簡單說就是「自打巴掌」。

比如某名嘴大肆批評別人出軌，結果自己也被踢爆出軌，就會引發網友熱議「迴力鏢來了w」「特大號迴力鏢w」等。

心理學的迴力鏢效應（Boomerang Effect）也是一樣，泛指自己所做的事情引發反效果，反而讓自己陷入窘境。例如，我在「鏡射」的章節說過「做過頭可能會引起反效果」，這也是迴力鏢效應之一。

「拜託拜託！請一定要買！」「快去讀書！」強迫顧客買東西，反而讓人不想買；或是家長太嘮叨，小孩反而提不起勁，這些都是迴力鏢效應的案例。

引發迴力鏢效應的兩項關鍵如下：

① 推銷得太賣力

②太刻意（不自然）

任何事情做過頭都會引發反效果，因此請謹慎使用心理效應。唯有自然運用，才能發揮效果。

“使人喪失動力的「動機偏移」

動機偏移（Overjustification Effect）是指「原本自發性地去做一件快樂的事情，卻因為別人給予讚美或獎勵，搞得好像自己是為別人而做，因而喪失動力」的現象。

說得稍微艱澀一點，就是「因內在動機而行使的行動，會因外在動機的介入而降低動力」。

假設有一個喜歡棒球的男孩，他很想提升打球的技術，所以每天自動自發練習三百次揮棒。爺爺見狀，心想：「這孩子真有心，給他零用錢好了。」於是給男孩零用錢。隔天，男孩又練習揮棒，而這回爺爺給他零用錢，讓他去買果汁。

這情景很溫馨對吧？不料，久而久之，棒球男孩卻從「想提升打球技術（內在動機），所以練習揮棒」，變成「因為爺爺會給零用錢（外在動機），所以練習揮棒」。

如此一來，會發生什麼事呢？爺爺財力有限，無法無窮盡地給予努力練習的乖孫零用錢，看孫子練習揮棒所感受到的感動也一天比一天淡薄；隨著得到的零用錢逐漸減少，孫子練習揮棒的動力也會越來越低。

最後，當爺爺終於無法給孫子零用錢的那天到來，棒球男孩也喪失了動力，不再練習揮棒。這就是動機偏移。

人不會因為被迫而長久做某件事，也無法為了他人而持續努力。讓人自動自發去做某件事是很重要的，千萬不能讓人產生「因為做這件事有好處，所以我才做」的想法。

如果想讓人做某件事，不要用交換條件或獎勵這類貪圖省事的手段，最好是藉由溝通來打動他，才是長久之計。

“有時會帶來負面效應的「互惠規範」

你知道互惠規範（Norm of Reciprocity）嗎？這很有名，我想知道的人應該不少。

這是一種心理效應，大意是「我先施惠給對方，對方就會想回報我」。最常見的例子，就是超市的試吃活動。客人試吃之後，很有可能認為必須買點東西來回報，於是購買人數就會增加。

然而，互惠規範雖然是一種強大的心理效應，若是用錯方法，反倒會引發反效果。越強大的心理效應，帶來的反效果也越強；以下，我將解釋「互惠規範」該注意的地方。

我早期在頻道發了一支解釋《為什麼做傳直銷的人不會請客》的影片，裡頭講到做傳直銷的人喜歡約你去咖啡廳或家庭餐廳，接著會有一個「自稱賺超多的人」登場，炫耀自己多有錢、提供你商業提議，結果最後九十九%都是各付各的。

看到這兒，很多人應該都會納悶：「咦？明明很有錢，卻不請客？」這是有原因的。主要的兩項原因如下：

①那個人其實並不是有錢人

②請客會帶來壞處

首先，絕大多數都是①。靠傳直銷發大財的人當然有，但實際上少之又少。

我曾經說「我靠傳直銷賺了將近兩千萬圓」，結果早期不少人在留言區嗆我「那又沒什麼」「我的老師賺得比你還多」。

然而，事實上，業績不好的會員可能不清楚，年薪超過兩千萬圓的人比想像中還少。在傳直銷圈，收入灌水是很常見的。在數百人規模的講座中大談成功哲學的人，收入可能不到二十萬圓，這不是什麼罕見的事。

此外，收入穩定的組織高層，不大可能會在咖啡廳或家庭餐廳拉下線。

照我的經驗看來，九十九％在咖啡廳「自稱靠傳直銷賺了很多錢的人」，月薪頂多就是二十萬到六十萬圓之間。出現在咖啡廳、家庭餐廳的傳直銷業務年薪超過一千萬圓，機率就跟轉學生美少女坐在自己鄰座一樣低。

附帶一提，月薪六十萬圓跟國民平均薪資比起來或許「賺得不少」，[1]但在傳直銷圈收入不錯的人，開銷其實是最大的。因為，地位一提升，就有義務畫大餅給其他會員看，因此必須住在超高樓層的高樓大廈、買名牌精品。

把錢都花在那些地方，手上自然沒什麼錢。這種情況下，哪有辦法每天在咖啡廳請人喝咖啡？

不過，即使我每月穩定賺到一百萬以上，我也不請客，原因為②。有些人可能暗想：「那是因為你很小氣吧？」但實情並非如此。

假設我是小氣鬼好了，如果請個幾百圓咖啡能提升簽約率，成本一下子就賺回來、符合經濟效益，我當然請。我不請客，是因為我認為請客會導致最終收益下降。

有些人原本就因為①而沒錢請客，也因為有②的認知，所以有錢了之後也不會請客。

1　本書在日本上市的時間為二〇二一年，當年日本正職員工的平均年薪為五〇八萬日圓。

我手上有錢之後，有一段時間每去咖啡廳必請客，結果不知怎的，簽約率卻下降了。從互惠規範看來，請客應該提升簽約率才對，怎麼會這樣呢？

此外，自從我開始在咖啡廳請客，不僅簽約率下降，甚至會員的退出率也提高了。太奇怪了吧？被人請客應該很開心才是，怎麼會員不增反減呢？

當時我心想：「大概是請咖啡不夠高級吧。」於是也開始請會員吃飯，但還是行不通。為什麼呢？

有些敏銳的人可能已經察覺了。是的，動機偏移了。

有些人來咖啡廳，是基於「我想聽聽商業提議」「我想為了自己投入傳直銷」的心態，一旦給予「請客」的報酬，就等於讓外在動機介入，變成「我來是因為有免費咖啡可喝」「我想喝免費咖啡，所以才投入傳直銷」。

如此這般，一不小心，互惠規範就會變成動機偏移。
如果你送禮是希望互惠規範發生效用，請注意不要剝奪對方的內在動機。

【後記】

謝謝你讀到這裡。

現在，你心情怎麼樣呢？

有些人可能會驚覺：「上當了！當時我買下那東西，原來是中了那招啊！」有些人可能積極想著：「明天跑業務時來試試看書中的技巧好了！」而有些人，可能暗想：「我要用這招，來這樣又那樣……」……拜託不要有人打壞主意啊。

從現實層面考量，或許利用本書技巧來騙人或是販賣黑心商品的人，人數不會是0。

然而，我無法禁止、也無法制裁這些人。只有法律能制裁人，而不管再怎麼禁止，都禁止不了人的欲望。

菜刀與車子，每年都造成多人死亡。這是事實。只要有人製造菜刀，就會有人被刺傷；只要有人製造車子，車禍就沒有終止的一天。

然而，與此同時，有更多人被這兩樣東西所拯救，這也是事實。手術刀跟菜刀一樣，都是刀具；救護車與消防車也是車子的一種。任何技術都一樣，此項技術帶來的結果是好是壞，端看你如何使用。

而我相信，隨著技術越來越普及、進步，好結果的比例也會越來越高。

既然人是依靠大腦行動的生物，諸如洗腦、精神控制等支配大腦的技術，不可避免地會造成莫大影響。隨著科學越來越發達、資訊量越來越大，欺騙、誘惑人心的技術也越來越不可小覷。

處於這樣的時代，更必須讓每個人都了解洗腦、精神控制的知識，才能讓社會發展得更安全、豐富、多元，不是嗎？

我基於上述想法，將諸多實用卻觀感欠佳（導致很難推廣）的知識，全寫在這本書裡了。

剛才舉了菜刀當例子，事實上，語言也常被喻為刀刃。

讀到此處的你，語言能力已打磨得如刀般銳利，請務必小心使用。依據使用者的不同，銳利的刀具能成為名刀，也能成為妖刀。希望你的話語能化為名醫的手術刀，多救一人是一人。

謝謝你讀到這裡，那麼，我們就在下一本書或是YouTube、Twitter、Voicy相見囉！

Dr. HIRO

Memo

Memo

國家圖書館出版品預行編目(CIP)資料

降低人生難度的魔法說話本事：學會折服人心的洗腦系說話術，工作、談判、人際關係無往不利！/Dr. Hiro著；林佩瑾譯. -- 初版. -- 新北市：李茲文化有限公司, 2024.05
面； 公分

ISBN 978-626-95291-7-9(平裝)

1.CST: 說話藝術 2.CST: 溝通技巧 3.CST: 人際關係

192.32 113003891

降低人生難度的魔法說話本事

學會折服人心的洗腦系說話術，工作、談判、人際關係無往不利！

作　　者：Dr. HIRO
譯　　者：林佩瑾
責任編輯：莊碧娟
主　　編：莊碧娟
總 編 輯：吳玟琪

出　　版：李茲文化有限公司
電　　話：+(886) 2 86672245
傳　　真：+(886) 2 86672243
E-Mail：contact@leeds-global.com.tw
網　　站：http://www.leeds-global.com.tw/
郵寄地址：23199 新店郵局第9-53號信箱
P. O. Box 9-53 Sindian, New Taipei City 23199 Taiwan (R. O. C.)

定　　價：380元
出版日期：2024年5月1日 初版

總經銷：創智文化有限公司
地　址：新北市土城區忠承路89號6樓
電　話：(02) 2268-3489
傳　真：(02) 2269-6560
網　站：www.booknews.com.tw

Change & Transform

想改變世界・先改變自己

Change & Transform

想改變世界・先改變自己